역주행의 비밀

실패를 넘어서는 1%의 영감

역주행의 비밀

➡ 실패를 넘어서는 1%의 영감 ⬅

| 김단 지음 |

SNOWFOX

심리학자 존 슬로보다John Sloboda는 영국의 한 음악 기숙 학교에서 학생들이 실력을 갈고닦는 과정을 연구했다. 그 과정에서 비범하다고 분류된 학생들의 공통점을 발견했다. 그들은 대다수가 음악에 관심이 없는 집안에서 자랐고, 음악을 더 늦게 시작했으며, 어릴 때 집에 악기가 없었다. 연습량 또한 다른 학생들에 비해 훨씬 적었다. 우리의 생각과 다르게 시작이 늦고 음악과 거리가 먼 환경에서 자란 학생들이 후에 더 압도적인 성과를 거뒀다.

이와 반대로 일찍부터 아주 오랜 시간 동안 체계적인 훈련을 받은 학생들은 단 한 명의 예외 없이 평균 범주에 들어갔다. 일찍부터 자원을 투자한 이들의 성과가 당연히 뛰어나야 한다고 생각했으나 예상과는 정반대의 결과가 나타난 것이다. 이들은 음악을 먼저 시작했다는 그 사실 자체에 지나치게 몰두하고 있었고 이에 따라 타인을 의식하기 시작했다. 또한 일찌감치 정한 악기에 대부분의 시간을 투자했고, 남보다 시작이 빠르기 때문에 실력도 앞섰다는 생각을 버리지 못했다. 남들보다 우위에 점했다는 자만심은 그들의 성장을 가로막는 족쇄가 됐다. 자신과 타인을 비교하느라 악기를 연주하는 과정 자체를 즐기지 못했다. 누군가의 성과를 지켜보며 불안에 떠느라 바이올린이 내는 아름다운 선율에 귀를 기울이지 못했다. 어깨 위에 얹어진 바이올린은 점점 무거운 짐처럼 느껴졌다.

반면 비범한 학생들은 다양한 악기와 폭넓은 연주를 접한 후에 자신에게 맞는 악기를 선택했다. 따라서 남들보다 좀 늦었지만 자신에게 가장 잘 맞는 악기를 선택할 수 있었고, 무엇보다 스스로의 판단에 확신이 생겼다. 얼떨결에 선택한 악기를 계속 끌어안고 가는 평범한 이들과의 차이는 바로 자기 확신의 여부였다. 그들은 그렇게 자신이 선택한 악기와 사랑에 빠졌다. 그 후 연습량이 폭발적으로 증가했고 먼저 시작한 학생들을 모조리 추월하기 시작했다. 타인을 의식하지 않고, 온종일 자신이 사랑하는 악기를 생각하고, 연주하고, 즐겼다. 그렇게 그들은 먼저 시작한 이들보다 크고 넓은 시간 속에서 살았다.

많은 사업가는 빚더미 속에서 뒤늦게 자신의 사업을 시작하여 뛰어난 업적을 거두었고, 수많은 위대한 창작자들도 처음에는 혹평과 친구 삼아 지냈다. 그들에게는 실패조차 자양분이 됐다. 아무도 믿어주지 않았기 때문에 그들은 역설적으로 자신을 더욱 믿을 수밖에 없었다. 살기 위해 또 상황을 반전시키기 위해 어쩔 수 없이 도전에 내몰렸고, 용수철처럼 짓눌렸던 그들은 실패 이후 더욱더 도약할 수 있었다. 그들에게는 선택지가 많지 않았기에 자신이 잘하는 분야에 더욱 집중할 수 있었다. 또한 더 나빠질 게 없었기 때문에 밝은 미래를 기대할 수 있었고 과감하게 도전할 수 있었다. 단순히 노력하는 흉내를 낸 것이 아니라 자신의 생존을 담보로 치열하게 노력했다. 그리고 상황을 반드시 개선하겠다는 의지를 갖고 포기하지 않았다. 그들은 그렇게 자기 삶을 새롭게 바꿨다.

위대한 출발은 없다. 오직 위대한 결말이 있을 뿐이다. 『해리포터Harry Potter』를 지은 J.K. 롤링Rowling은 20대에 이혼당하고 교사직에서 방출됐다. 그 뒤 3년 동안 69프랑의 생활 보조금에 의지하고 우울증을 견뎌내며 그녀의 첫 소설을 써 내려갔다. 딸에게 줄 분유가 부족해서 맹물을 준 적도 있고, 굶는 일은 허다했다. 궁지에 몰린 심정으로 쓴 그 소설마저도 열두 군데의 출판사에서 거절당했으나 우여곡절 끝에 열세 번째 블룸즈버리 출판사Bloomsbury Publishing에서 출판할 수 있었다. 실제로 해리포터의 호그와트Hogwarts 속 풍경과 인물은 그녀가 교사 생활을 했던 경험에서 많은 영감을 얻었다고 한다.

<헐크Hulk>의 배우 마크 러팔로Mark Ruffalo는 연기가 너무 평범

하다는 연출가의 혹평을 들으면서도 10년 넘게 바텐더, 요리사, 페인트공 일을 하며 오디션을 보러 다녔고, 800번이 넘는 오디션에 떨어졌다. 그렇지만 그는 포기하지 않고 맡은 작은 배역에도 영혼의 숨결을 불어넣었고 지금의 자리에 오를 수 있었다. 위대한 업적을 이룬 창작자들의 출발선은 그다지 화려하지 않았다. 스티븐 스필버그Steven Spielberg는 USC 영화예술학교 진학에 세 번이나 떨어졌다. 스티브 킹Stephen King의 첫 책인 『캐리Carrie』는 서른 번도 넘게 퇴짜를 출판사에서 맞았고, 쓰레기통에 버려진 원고를 아내가 발견하여 우여곡절 끝에 출판하였다. 일본 추리문학의 대가인 히가시노 게이고東野圭吾는 엔지니어 회사에 다니던 중에도가와 란포상에 응모했고, 정확히 세 번째 응모작 『방과 후放課後』로 겨우 데뷔하는 데 성공했다. 게이고가 실의에 빠져 두 번째 작품에서 응모를 멈췄거나 러팔로가 도중에 오디션을 그만뒀다면 지금의 그들은 없었을 것이다.

대부분의 사람은 물질적·정서적 위기 상황에 직면하면, 갑자기 찾아온 어둠에 적응하지 못하고, 지나간 날을 후회하며 많은 시간을 허비하느라 실패가 주는 가치를 이해하지 못한다. 그런데도 그들 중 소수는 삶에 대한 의지로 어둠에 적응한다. 인간은 누구나 어둠에 적응하기 위해 시세포의 역치를 내려 시야를 키우는 능력을 갖추고 있다. 이것을 '암순응暗順應'이라고 한다. 오로지 살겠다는 일념 하나로 어둠에 대한 적응을 마친다. 어둠 속에서도

가느다란 한줄기의 빛을 찾아내고 그것에 집중해서 생의 혁신을 이루어낸다. 우리는 그들을 '추월자'라고 부른다.

스스로의 운명을 어떻게 예측하든 그 결과는 당신의 예상이 맞다는 것을 증명해줄 것이다. 생각이 행동을, 행동이 인생을 지배한다. 어둠 속에서 계속 어둠에만 강조점을 두는 사람은 남은 생을 어둠 속에서 살게 될 것이고, 그 속에서도 빛을 찾을 의지가 있는 사람은 결국 어둠이라는 동굴에서 벗어나 환한 대지의 노곤한 햇살을 온몸으로 받게 될 것이다. 실패도 자신이 빚었으니 성공도 물론 자신 손으로 빚어낼 수 있다. 그 믿음의 차이가 태도의 품격을 만든다. "자신의 인생은 자신이 바꿀 수 있다." 우리는 이 명제에 맹목적인 믿음을 가져야 한다. 그것이야말로 인생이라는 유한한 자원을 가장 효율적으로 사용하는 지름길이다.

실리콘밸리Silicon Valley에서 최고의 투자자로 손꼽히는 벤 호로위츠Ben Horowitz는 "위대한 기업의 비밀은 계속해나가는 것에 있다"라고 말했다. 우리가 행하는 과업의 성과는 결코 미리 평가할 수 없다. 그러나 결과에 연연하지 않고 시도에 중요성을 두는 태도는 스스로 설정할 수 있다. 출루율이 0퍼센트인 타자는 없다. '내가 과연 안타를 칠 수 있을까' 하는 두려움, '설마 내가 안타를 못 치겠어' 하는 자만심을 갖지 않고, 그저 날아오는 공과 손에 쥔 배트에 집중하다 보면 언젠가 공과 배트는 맞닿는다. 중요한 것은 쉼 없이 배트를 휘두르는 담대함과 열정이다. 어떤 상황에서도 자기가 가진 자원 안에서 치열함을 발현시킬 수 있는 영역은 반드시 있다. 방황하지 않고 그 영역에서 끊임없이 노력하면 성과는 선물처럼 다가온다. 형태와 양식을 바꿔 무한히 도전하는 이들은 자신의 인생을 서사 구조를 갖춘 협주곡으로 재탄생시킨다. 현재에 집중해 멈추지만 않는다면 운과 만나는 접점이 넓어져 더 많은 운을 자신의 생으로 끌어들일 수 있다.

극단적인 시도까지 생각했던 과거의 처참한 실패로부터 일어나 비상하는 인물의 사례는 일일이 열거할 수도 없이 많다. 작가 앤 모로 린드버그Anne Morrow Lindbergh는 "인생을 낭비하지 않고서는 인생을 발견할 수 없다"라고 했다. 과거의 경험과 실패들이 후회될지언정 헤매고 에둘러온 만큼 심장과 다리가 튼튼해졌으니 앞으로 더 잘 걸을 수 있을 것이다. 무엇보다 중요한 건 걸음을 멈추지 않는 것이다.

호스피스 병동의 환자들에게 인생에서 가장 후회되는 일을 물었더니 그들은 하나같이 "과거를 후회하느라 현재를 낭비한 것이다"라고 답했다. 어떤 사람은 과거의 문지방에서 문을 닫지 못하고 아쉬운 듯 후회하느라 현재를 다 태워버리고, 또 어떤 사람은 미래에 대한 막연한 불안감에 다리를 떤다. 노자는 "우울하다면 과거에 사는 것이고, 불안하다면 미래에 사는 것이며, 평안하다면 현재에 사는 것이다"라고 말했다.

현실 세계에서 노력과 성과, 즉 인과에 대한 믿음을 지키고 타인의 통치에서 벗어나 오롯이 나로서 노력을 지속하는 사람은 결국 자신의 생의 가치를 끌어올린다. 무한한 가능성을 잉태하고도 한 번의 실패로 정체돼있는 사람들을 많이 본다. 앤드류 카네기 Andrew Carnegie의 말처럼 "바람이 불지 않을 때 바람개비를 돌릴 수 있는 유일한 방법은 앞으로 달려 나가는 것"이다. 계곡에 빠져도 의지만 있다면 그 계곡조차도 또 다른 지평이 될 수 있다.

검은 포도송이의 과실이 흰색인 것처럼 행운은 불운의 껍질 속에 감싸져 오기도 한다. 대부분은 이 포도송이를 보고 세상은 검다고 단정한다. 그래서 결국 달콤한 과즙은 상상력이 풍부한 자의 몫이 된다. 인간은 모든 것을 잃게 되는 위기 상황에서 진정한 자신과 대면하는 성향이 있다. 믿을 수 있는 것이 자기 자신뿐일 때 믿음의 강도는 더욱 세지는 것이다. 이 책의 다양한 사례들과 심리학적 논거들이 독자들의 생의 감각을 일깨우고, 진정한 자신과 마주하는 데 조금이나마 보탬이 되기를 진심으로 바란다.

차례

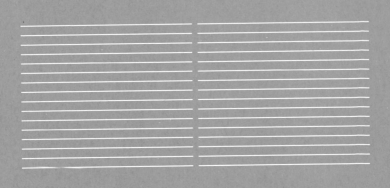

용기 있는 자로 살아라.
운이 따라주지 않는다면 용기 있는 가슴으로 불행에 맞서라.

- 키케로(Marcus Tullius Cicero)

Chapter 1.

실패를 타고나는 뇌

호모사피엔스의
실패 본능

우리는 인생을 살아가는 데 크고 작은 많은 실패를 겪는다. 실패는 시도의 부산물과 같아 삶의 어느 시점에서 실패와 마주한다. 설정한 기대치에 미치지 못하는 것도 실패고, 삶의 기준이 무너지는 경험도 실패에 속한다. 그렇다면 왜 실패하는지를 생각해보자.

20만 년 전 동아프리카에서 호모사피엔스가 탄생했다. 그들은 때론 느리게, 때론 빠르게 문명을 발전시켰고 현재의 인터넷 사회로 이어졌다. 20만 년이라는 오랜 시간 동안 우리가 전기를 사용하던 기간은 0.08퍼센트밖에 되지 않는다. 나머지 대부분의 시간은 수렵과 채집으로 보냈다. 수렵 사회에 머문 시간 동안 우리 뇌는 그 생활에 최적화되며 발전했다. 그리고 이 명제는 '진화심리학'이라는 학문이 됐다. 진화심리학 관점에서 우리 뇌는 밀림에서 거적때기를 걸쳤던 선조와 별반 다를 것이 없는 셈이다.

앞날을 예견할 수 없던 선조들은 기회가 있을 때 많은 칼로리를 섭취하기 위해 지방이 듬뿍 들어간 음식에 선호도를 키웠다. 지금의 우리 역시 지방이 듬뿍 들어간 고기에 열광하고 칼로리 폭탄 디저트로 채우기 바쁘다. 무리를 지어 사는 것이 훨씬 유리하다는 것을 알게 된 이후로 인정에 대한 욕망을 키웠고, 그 무리 안에서 인정에 목말라하며 SNS 세상의 '좋아요'에 목을 맨다. 동시에 집단에 위화감을 주는 누군가를 화두 삼아 연대하여 뒷담화를 일삼는다. 손실에 과민하게 반응하는 손실 회피 성향은 커졌다. 친구들의 재테크 성공담에 불안해하며 이익을 챙기려 코인과 주식에 과도한 투자도 하고 있다. 투자에 실패해도 과민성이 발휘돼 소심한 사람조차 또다시 헛된 용기를 발휘한다.

현생 인류는 20만 년 전 아프리카에서 탄생한 이후로 계속해서 세계 각지로 퍼져나갔다. 인류 탄생 초기에 아프리카에 크나큰 자연재해가 닥쳤다면 인류는 아마 멸망했을 것이다. 그래서 우리는 종족의 보존을 위해 필연적으로 끊임없이 이동해야 했다. 언제 닥칠지 모르는 굶주림은 필요 이상의 사냥에 나서게 했다. 생존에 유리했기 때문이다. 이런 인류의 생존법은 뇌로 하여금 낯선 것을 선호하고, 더 나은 것을 추구하는 호르몬 도파민Dopamine의 과분비 설계로 이어졌다.

추구하고 욕심내는 이 도파민은 산책길의 대형 견과 같아서 잘 다스리면 야망과 비전이 된다. 하지만 이 대형 견이 우리를 이

끄는 꼴이 된다면 도박, 약물, 섹스 같은 다양한 중독 문제를 일으
킨다. 삶에 통제력을 잃는 것이다. 따라서 원하는 인생을 주도적
으로 살기 위해서는 도파민을 잘 길들여야 한다. 최초 인류가 생
존을 위해 높여놓은 도파민이 우리 자신을 파멸시키지 않도록 통
제하는 것이다.

이 모든 것을 이렇게 한 문장으로 정리할 수 있다. "우리의 뇌
는 메타버스Metaverse 시대에 최적화된 것이 아니라 구석기 시대
에 최적화돼있다." 다행인 것은 논리적 사고를 관장하는 전두엽
역시 동시에 키웠다는 것이다. 본능이 자신을 집어삼키기 전에
먼저 생각할 수 있게 된 것이다. 본능을 인지하고 사전에 대비할
수 있는 힘 말이다.

태만의 덫에 빠뜨리는 손실 회피 성향

삶은 위험하다. 예전에는 더 위험했다. 인류가 질병, 위생, 안전의
위험에서 어느 정도 해방이 된 시점은 2천 년이 채 되지 않는다. 그
전까지 인간은 언제 죽어도 이상하지 않은 살얼음판을 걷고 있었
다. 선조들은 수만 년 동안 자연재해, 맹수의 위협, 무리 간 분쟁
등 다양한 위협에 대응하기 위해 손실과 피해에 대해 예민한 감
각을 발전시켰다. 그 영향이 유전으로 이어져 지금의 우리 역시
좀처럼 손에 쥔 것을 놓지 못하게 됐다.

행동경제학 용어로 손실 회피 성향이다. 손실 회피 성향은 수

천 년간 다양한 위험 요소들로부터 인류를 지켜주었다. 안전의 위협에서 어느 정도 벗어나자 손에 쥔 것을 잃는 것이 두려워 시도를 게을리하고, 사소한 지위에 집착하게 만들었다. 과거에 지나친 가치를 부여하고 그것을 부정하는 것들에 예민하게 반응한다. 또한 과거의 상실을 후회하느라 현재를 다 태워버렸다.

픽사PIXAR의 김재형 애니메이터는 연세대학교 의대를 졸업한 엘리트 의사다. 그러나 의사로서의 삶이 즐겁지 않았다. 2003년 만 33세에 부모님의 반대를 무릅쓰고 미국 샌프란시스코의 '아카데미 오브 아트 유니버시티Academy of Art University'에 들어가 애니메이션 공부를 시작했다. 졸업 후 픽사의 인턴을 거쳐 <라따뚜이Ratatouille>와 <굿 다이노The Good Dinosaur>의 제작에 참여했다. 그는 의사가 되기 위해 투자했던 수많은 시간과 노력, 의학적 지식, 보장된 생활, 사회적 지위를 모두 내려놓고 자신이 무엇을 원하는가에 집중했다. 조르지오 아르마니Giorgio Armani도 밀라노대학교 의대 출신이다. 군대에서 의사로 복무하던 중 자신이 의사라는 직업과 맞지 않다는 것을 깨닫고 뒤늦게 백화점 쇼윈도 디스플레이 담당자로 뛰어들었다. 그것은 쉽지 않은 결정이었다. 이 모든 것을 아까워했다면 생의 혁신을 결코 이루어낼 수 없었을 것이다.

사소한 지위와 인간관계에 집중하다 보면 우리가 할 수 있는, 그리고 해야 하는 것에 시도를 게을리한다. 스스로가 행복하면 다행이지만 우리는 그러지 못하고 자신의 나태를 끊임없이 후회

하며 생을 소진한다. 현재에 집중하지 못하고 얻지 못한 이익을
아쉬워하며 지금의 시간조차 후회할 과거로 만드는 것이다.

손실 회피 본능 때문에 패기 있는 시도로 발생할 기회비용을
두려워하며 평범해지는 것을 선택한다. 그리고 자기 삶에 만족하
지 못한다. 후회와 나태로 보낸 시간을 잘 활용하면 충분히 성취
를 이루어낼 수 있는데도 말이다.

인간은 본능적으로 무형의 가치를 좇고, 무언가를 끊임없이 갈
구하도록 설계됐다. 항상 더 나은 무언가를 추구하지 않았다면
인류는 여전히 구석기 도구로 사냥감을 쫓고 있었을 것이다. 인
간은 각자가 설정한 이상을 향해 나아가는 과정에서 행복감을 느
낀다. 만족이 영원했다면 발전을 추구할 이유가 없다.

안온과 평온을 위해 자신의 인생을 바친 고타마 싯다르타
Gotama Siddhartha는 진정한 행복이라는 무형의 화두를 위해 아무도
걷지 않는 길에 발걸음을 내디뎠다. 그리고 자신이 설정한 이상
을 위해 왕족의 지위를 버리고 행복의 경지인 열반에 올랐다. 머
무름과 나태 속에서는 행복할 수 없으므로 자신이 생각하는 가치
있는 곳에 발걸음을 내디뎌야 한다. 그것이 행복할 수 있는 방법
이다. 인생은 자전거를 타는 것과 같아 쉼 없이 페달을 밟아야만
균형에 도달할 수 있다.

노키아Nokia는 2007년 전 세계 휴대폰 시장의 40퍼센트 정도
를 점유할 정도로 통신기기 업계의 선두 주자였다. 그러나 아이

폰 iPhone의 등장에 3년이 안 되는 시간에 철저하게 몰락했고, 얼마 뒤 사옥마저 마이크로소프트 Microsoft가 헐값에 인수했다. 당시 평론가들은 노키아가 아이폰의 도래를 예상하지 못했다고 평가했다. 그러나 노키아를 면밀하게 분석한 핀란드 학자 티모 위오리 Timo Vuori는 평론가들의 주장은 사실이 아니라고 했다. 그의 말에 따르면 노키아의 엔지니어들은 세계 최고였고, 노키아는 다가올 위험을 충분히 인지하고 있었다. 운영체계인 '심비안 Symbian'이 애플의 'iOS'보다 정교하지 못하다는 것을 알고 있었으나 이것을 보완하지 않고 일정대로 프로젝트를 급하게 밀어붙였다. 위험을 충분히 인지했으면서도 임원들은 자신들의 평가를 사수하기 위해 상부에서 설정한 일정을 무리하게 진행하여 자신의 지위를 보존하고자 했다. 반면 아이폰의 스티브 잡스 Steve Jobs는 카리스마 리더십으로 높은 기준점을 설정하고, 그 기준점에 도달하지 못하면 수년간 진행한 프로젝트라도 뒤엎는 괴팍함으로 유명했다. 이처럼 뛰어난 재능으로 선도자의 위치에서도 현재의 지위와 상황에 눈이 어두워지면 혁신가들에 의해 몰락하는 것이다.

어떠한 분야의 선두 주자는 그를 지켜보는 수많은 군중에게 찬사를 받는다. 그러나 이를 지키고 싶은, 잃고 싶지 않은 욕구로 혁신의 태만에 빠지기 쉽다. 새로운 시도를 통해 현재의 지위를 조금이라도 잃는 것이 두렵기 때문이다. 반면 추월자는 주의의 평판에 집착하지 않기에 자신의 과업에 더욱 집중하여 생의 혁신을 이루어낼 수 있는 것이다. 그들은 오롯이 자신이 설정한 기준에 따라 사고하고 행동한다. 또한 그 과정에서 발생하는 사소한 손실을 두려워하지 않는다.

거대한 실패란 쌓아 올린 평판이 무너지고, 생계가 곤란해지는 것을 말한다. 거대한 실패를 겪으면 이미 무너진 평판에 아랑곳하지 않고, 살기 위해 시도를 게을리하지 않으며, 자신의 과업에 더욱 집중한다. 이것이 거대한 실패의 힘이다. 의지만 있다면 암담한 상황에서도 성공할 수 있다. 집이 평온할 때는 가구의 배치, 커튼의 색깔과 같은 그다지 중요하지 않은 것에 신경을 쓰지만, 집이 허물어진다면 집을 새로 지을 생각을 하게 된다. 처음부터 새롭게 집을 지어 마침내 삶의 공간에 드는 따뜻한 볕을 즐길 수 있다.

위협으로부터 자신을 보호하기 위한 손실 회피 성향은 태만의 덫에 빠지게 하고, 태만이 가져온 실패를 끊임없이 후회하게 한다. 시도를 게을리했다면 후회해서는 안 된다. 반복적인 후회는 실현할 수 있는 가능성조차 잘라내고 만다. 후회는 뇌로 하는 흡연과 같아 백해무익百害無益하다. 과거를 떠올리며 후회하는 것은 우울증, 조울증, 조현병 등 모든 정신 질환의 원인이 된다. 그런데도 손실을 회피하고자 하는 본능을 이기지 못해 시도를 게을리하고 반복적으로 후회한다. 진정한 추월은 부정적인 본능을 깨닫는 것에서 출발한다.

창의력을 좀먹는 인지적 고착화

현대사회를 흔히 정보화 사회라고 한다. 휴대전화 메시지, 주식 차트, 인터넷 기사 등 하루에도 수천 가지의 정보를 흡수해야만 사회성을 유지할 수 있다. 원시사회에서도 마찬가지로 생존을 위해 소화해야 할 정보는 셀 수 없이 많았다. 무리 지어 살아가던 때도 사회적 정보에 예민해야만 무리 안에서 발생하는 위험을 사전에 차단하고 안전을 지킬 수 있었다. 그래서 습관적으로 타인을 둘러싼 이야기를 만들어 전파한다. 무수한 사회적 정보를 흡수하기 위해 그 정보를 분류하고 일반화하는 본능을 갖게 된 것이다.

망치를 들고 있는 사람의 눈에는 못이 유난히 잘 보이고, 사진가에게 세상은 구도로 보일 것이다. 인지적 고착화란 모든 상황을 일반화하고, 자신에게 익숙한 정보만 취사선택하는 것을 의미한다. 한번 프레임을 만들면 이를 바꾸기를 꺼리고 그 안에서만 사람과 사물을 대한다. 정치적 견해도 자기 입장을 쉽게 바꾸지 못한다. 인지적 고착화는 전두엽의 기능을 축소하여 창의력을 좀먹는다.

크래프톤Krafton Inc.이 30억 원의 게임 개발비를 들여 수조 원을 벌어들이는 '배틀그라운드Battlegrounds'를 내놓을 때만 해도 '배틀로얄Battle Royale'이라는 장르는 전 세계적으로 생소했다. 심지어 책임 제작자인 김창한 PD는 FPSFirst Person Shooter(기관총이나 권총 등의 무기를 들고 1인칭 시점으로 플레이하는 슈팅게임) 게임을 개발해

본 경험이 없던 개발자였다. 혁신이라는 것은 기존에 없던 무언가를 기획해 세상에 내놓았을 때 발생한다. 그러나 우리는 어떠한 시도를 하기 전에 본능적으로 벤치마킹 대상을 찾는다. 먼저 길을 걸어간 수많은 이들의 행보를 탐구한 후 겨우 시도한다. 그렇기 때문에 혁신가가 되는 것은 쉽지 않다.

혁신을 위해서는 편협함과 익숙함에서 벗어나 좀 더 넓은 시각에서 세상을 조망하고 그 속에서 가능성을 찾는 메타 인지능력이 선행돼야 한다. 메타 인지능력이란 일인칭 시점에서 벗어나 삼인칭 시점으로 바라보고, 최선의 패에 힘을 싣는 전략적 사고다. 그러나 익숙함이 주는 안락함에서 벗어나는 것은 쉽지 않다. 익숙한 정보를 선호하는 본능은 유연한 사고를 어렵게 하고 심리적 인지 편향의 근원이 되기도 한다.

워싱턴 DC 조지타운Georgetown대학교의 로한 윌리엄슨Rohan Williamson은 금융 위기 당시의 은행을 연구했다. 100개의 은행을 조사한 결과 이사진 중 전문가가 적은 은행일수록 손실이 적다는 것을 발견했다. 전문가 이사진은 위험도가 높은 전략에 이미 깊게 발을 들여놓아 기존의 전략을 거스르는 새 전략을 짜지 않았다. 반면 전문 지식이 적은 사외 이사들은 위기 상황에 대처하기 위한 새로운 전략을 구상해 은행의 손실을 줄일 수 있었다. 산업에 종사하는 기간이 길수록 과업을 바라보는 객관적인 시야는 도태됐다. 어떤 회사에서 노련한 회계사와 새내기 회계사에게 개정된 세법에 따른 공제액을 계산해달라고 요구했다. 예상과는 다르게 새내기 회계사와 비교하면 업무 처리 능력이 축적된 노련한 회계사가 훨씬 더 헤매는 경향을 보였다. 익숙한 것을 능숙하게 처리하는 능력은 향상됐지만 생소한 것을 능숙하게 받아들이는 능력은 퇴화한 것이다.

산업에 뛰어든 많은 선발주자는 인지적 고착화로 시야가 어두워지고 있다. 따라서 상대적으로 자원이 부족한 추월자일지라도 노력만으로 단숨에 이들을 뛰어넘을 수 있다. 사회 변화가 빠르면 빠를수록 경험이 가진 가치는 떨어진다. 그래서 우리는 가진 경험과 생각을 과감히 내려놓을 수 있는 능력을 키워야 한다. 세계적인 고공 곡예사 칼 월렌다Karl Wallenda는 바람으로 휘청거리는 외줄에서 떨어지는 순간 손에 닿는 거리에 외줄이 있었음에도 균형봉을 잡으려고 하다가 끝내 숨을 거뒀다. 마리 앙투아네트Marie Antoinette는 폭동으로 궁전을 탈출하면서도 화려한 대형 마차를 고집하다 도로 위에서 시민들에게 붙잡혔다. 그들의 공통점은 자신에게 익숙한 것에서 벗어나지 못했다는 것이다. 익숙함만을 고집하고 새로운 것을 거부하면 어느새 썩고 곰팡이가 피어 악취를 풍긴다. 팔만대장경에는 "전부를 취하면 전부를 잃는다"라는 구절이 있다. 채워 넣는 기술만큼이나 중요한 것이 삭제하는 능력이다. 삭제할 수 없으면 새로운 것을 채워 넣을 수 없다. 현재가 될 미래를 위해 익숙하기만 한 경험적 요소를 삭제할 수 있는 용기와 결단력이 필요하다.

심리학자 윌리엄 제임스William James는 "고작 자신의 편견을 재배열할 뿐이면서 자신이 생각하고 있다고 믿는 사람이 대다수"라고 표현했다. 심리학에는 인지 부조화라는 용어가 있다. 신념 간에 또는 신념과 실제로 보는 것 사이의 불일치나 비일관성이 드러날 때 우리는 이를 불편하게 여겨 얼른 제거하려 한다. 이 인지적으로 조화롭지 못한 상태가 새롭게 사고하는 것을 방해하여 결점을 알면서도 무시하거나 오히려 긍정적으로 치환시키는 것이다. 즉, 올바른 선택을 방해하는 인지 부조화의 근본적인 이유도 익숙한 것을 선호하는 인지적 고착화 때문이다. 이미 익숙해진 상황에서 새로운 생각을 하는 것이 귀찮아서 될 수 있으면 두뇌를 덜 사용하는 방법을 찾는 것이다. 익숙함과 능숙함이 때로는 독이 된다는 사실을 깨닫고 항상 경계해야 한다.

1949년 몬태나Montana주의 협곡에 큰 산불이 났다. 불은 급격히 빠른 속도로 번졌고, 산불을 진압하기 위해 소방공수대원이 투입됐다. 더 이상 산불 진압이 불가능하다고 판단한 현장 지휘자는 부대원들에게 소방 장비를 버리고 도망치라고 명령했다. 소방 장비를 버리지 못한 채로 달리던 부대원 열세 명은 지쳐서 불에 휩싸였고, 신속하게 소방 장비를 버린 두 명만 살아남았다. 열세 명의 대원은 십수 년간 한 몸처럼 지니고 있던 장비를 끝내 벗어던지지 못한 것이다. 이처럼 익숙함은 상황을 객관적으로 판단하는 메타 인지능력을 퇴보시킨다.

반대로 손에 쥔 모든 것을 잃은 후에야 처한 상황을 제대로 이해하고 어떻게 대응해야 하는지를 판단하는 메타 인지가 각성하는 경향이 있다. 추월자는 큰 실패 속에서 기회를 발굴하고 스스로 재도약의 계기를 만들어낸다. 위대한 기업들도 처음부터 계획한 대로 사업이 진행되지 않았다. 그런데도 메타 인지를 통해 여러 가지 대안 속에서 최선을 택하려는 노력을 게을리하지 않았다. 실패를 겪었지만 좌절하지 않았다. 그저 오답지 하나를 삭제했다고 생각하고 다시 잘할 수 있는 것을 찾아 지금의 기업을 이룰 수 있었다.

세계 최대 업무용 메신저 '슬랙Slack'을 만든 기업은 처음에는 MMORPGMassively Multiplayer Online Role-Playing Game 게임 회사였다. 게임이 흥행에 실패하자 직원들끼리 소통하기 위해 자체적으로 사용하던 메신저를 다듬어 시장에 출시했고 큰 성공을 거두었다. '인스타그램'은 원래 모바일 위치 공유 서비스였다. 이용자들이 자신의 사진을 공유하는 데만 관심을 보이는 것을 보고 언제, 어디서나 사진을 공유할 수 있는 SNSSocial Network Service로 사업 모델을 과감하게 바꿨다. '트위터Twitter'의 전신은 '팟캐스트Pod Cast' 플랫폼이었으나 애플이 무료로 팟캐스트 콘텐츠를 제공하자 친구들에게 짧은 메시지를 전달하는 서비스로 비즈니스를 과감하게 전환했다. '넷플릭스Netflix'는 DVD 대여 업체였으나 컴퓨터와 인터넷의 보급으로 경쟁력을 잃고 1위 업체인 '블록버스터 Blockbuster'에 지분 49퍼센트를 매각하려고 했다. 그마저도 실패하자 이용자들이 선호하는 콘텐츠를 제안하는 툴을 만드는 방식으로 사업 모델을 전환했다. 이들은 모두 실패를 겪었고, 실패 후 시대의 요구에 따라 유연하게 변화시켰다.

우리는 좁은 시야로 세상의 많은 부분을 일반화하려는 나쁜 성향을 타고났다. 그래서 사고의 범위는 시간이 지나 익숙해질수록 더 좁아졌다. 리처드 파인만Richard Feynman은 "가장 속이기 쉬운 사람은 자기 자신"이라고 말했다. 인간은 미약한 삶의 경험으로 많은 것을 단정하고, 일반화하여 기회의 요소들을 놓친다. 실패의 가장 큰 원인은 새로운 현실에 과거의 경험을 그대로 적용하는 것이다. 이음매가 맞지 않는 볼트는 너트에 넣을 수 없다. 그런데도 그 볼트를 너트에 우겨 넣으려고 하여 결국 볼트에 손상이 간다. 시도의 범위가 제한적이면 제한적일수록 운과 맞닿는 단면적이 좁아진다. 예측이 의미 없을 정도로 변화의 속도가 빠른 시대에는 경험에 집착하지 않고 다양한 형태로 시도해야 한다. 그래야만 삶 속으로 운이 들어올 수 있다.

또한 사고를 게을리해서는 안 된다. 빌 게이츠Bill Gates는 일 년 중 휴대기기를 단절하고 독서와 사색을 하는 생각 주간을 정하여 실천하고 있다. 실리콘밸리 구루들은 생각에 관한 생각을 하는 명상으로 하루를 시작한다. 트위터 창업자 잭 도시Jack Dorsey,

『사피엔스Sapiens』의 유발 하라리Yuval Noah Harari와 같은 인물은 오지의 동굴에 들어가 자기 성찰의 시간을 갖기도 한다. 인류의 본능인 편협한 시각에서 벗어나 사고의 범위를 확장하려는 노력이다. 시야가 넓은 사람은 사회의 변화에서 더 많은 기회를 발굴할 수 있다. 따라서 자신이 가진 시야를 확장하고, 친숙하지 않은 새로운 정보를 받아들이려 노력하는 자만이 추월의 확률을 높일 수 있다.

도파민의 두 얼굴

1958년 스웨덴 왕립과학원의 아르비드 칼손Arvid Carlsson이 발견한 호르몬 도파민은 끊임없이 새로운 것을 추구하고 찾게 만든다. 실험용 쥐에게 도파민을 투여하면 활동량이 늘어나고, 낯선 환경에서도 움츠러들지 않는다. 도파민은 목표를 향해 삶의 의욕을 불러일으키는 작용을 한다. 만약 인류가 도파민을 활발하게 내뿜지 않았다면 문명이 이렇게 발전하지 못했을 것이다. 소비량이 늘어날수록 만족도는 줄어든다는 경제학의 핵심 원리인 한계효용 체감의 법칙 또한 지루한 것을 피하고자 하는 도파민의 특성을 반영한다. 즉, 도파민은 현실의 권태와 불만족을 느낄 때 끊임없이 무언가를 갈구하게 만드는 호르몬이다. 택배 상자를 받을 때의 설렘, 새로운 이성과의 만남 전 두근거림, 게임 퀘스트를 해결하기 전의 흥분 등은 모두 도파민의 작용 때문이다. 도박 중독자가 도박에서 돈을 딴 후가 아니라 베팅을 하기 직전에 도파민이 최대치로 치솟는다. 따라서 막상 돈을 따면 불만족을 느끼고 더 큰돈을 베팅하게끔 유도한다.

컴퓨터 게임 속 유저는 가상공간의 캐릭터를 발전시키기 위해 신경을 곤두세우고 노력을 쏟는다. 캐릭터의 체력과 능력치를 높이는 과정에서 환희를 느낀다. 선조들도 20만 년 전 아프리카에서 탄생한 이래 살고 있는 공간에 만족하지 못하고 세계 각지로 퍼져나갔다. 불만족의 상징인 도파민의 작용으로 인류가 흩어지고 분산돼 기후 대재앙 같은 위협에서도 멸종하지 않을 수 있었다. 도파민은 그렇게 생존과 번식에 유리한 행동을 부추기고, 식량을 필요 이상으로 많이 구하며, 영토를 확장해 다른 무리와의 경쟁에서 이기도록 도와주었다. 또한 끊임없이 새로운 자극에 갈증을 느끼게 하여 더 나은 발전을 추구하도록 독려했다.

신경과학자 제임스 올즈James Olds와 피터 밀너Peter Milner는 쥐의 뇌에 전극을 심고 도파민 분비를 차단했다. 그 결과 쥐들은 삶의 의지를 잃고 어떤 것에도 열망을 드러내지 않은 채 며칠 지나지 않아 죽었다. 만약 도파민이 왕성하게 분비되지 않았다면 인류는 번식을 포함한 모든 활동을 중지한 채 그대로 멸종됐을 것이다. 도파민은 잘 다스리면 발전의 동력이 되지만 통제하지 못하면 세상의 많은 유혹에 생을 낭비하게 만든다. 근육 움직임을 조절하는 신경 회로에 도파민이 부족하면 사지를 스스로 통제하지 못하는 파킨슨병에 걸린다. 이 질환의 치료법은 도파민 촉진제를 복용하는 것이다. 그러나 도파민 촉진제는 도박 중독, 섹스 중독, 쇼핑 중독 등의 부작용이 있다. 실제로 2012년 파킨슨병 환자였던 호주인 이언Eon은 도파민 촉진제 복용 이후로 도박에 빠져 가진 자산을 탕진하고 제약사인 화이자Pfizer Inc.를 상대로 법원에 고소장을 제출했다.

삶을 파괴할 만큼의 강력한 중독성을 지닌 것을 '마약'이라고 한다. 마약은 도파민 활성을 심각한 수준으로 끌어올려 우리에게 모든 것을 할 수 있을 것 같은 잘못된 쾌락을 불러일으킨다. 그저 마약을 통해 무엇이든 할 수 있다는 잠깐의 착각을 느낄 뿐이다. 현실과 생각의 괴리는 점점 커지고 결국 현실을 쓰레기통에 던져 버리고 만다. 이처럼 도파민은 인간에게 끊임없이 무언가를 추구하도록 만들어졌지만 그 추구의 대상이 불건전한 것일 때 스스로를 파멸시킨다. 그러나 대상이 자신과 사회의 기준에서 건전하다면 자신의 가능성을 여과 없이 발휘하여 발전하는 모습을 보인다. 우리는 뇌 속에서 뿜어져 나오는 도파민을 건전한 대상을 향해 방류해야 한다. 그것이 유한한 자원을 가장 효율적으로 활용할 수 있는 해답이다.

인간은 왜 그토록 쉽게 중독되는 것인가. 중독의 대상은 예측할 수 없다는 공통점이 있다. 도파민은 예측 불가능한 것과 마주했을 때 왕성하게 분비되는 성질이 있다. 원시시대에는 사냥에 매번 성공할 수 없었다. 어쩌다 한번 성공한 사냥감으로 며칠을 먹고 살았다. 도파민은 그 어쩌다 한번의 성공에 지나치게 흥분하고 기뻐하도록 진화하여 그 쾌감을 잊지 못하도록 설계됐다.

페이스북^{Facebook}의 창업 멤버 숀 파커^{Sean Parker}는 비즈니스를 성공적으로 운영하기 위해 도파민이라는 인간 심리의 취약점을 이용한다고 밝힌 적이 있다. 우리는 하루에도 수 시간 동안 SNS를 뒤적이며 시간을 낭비하고 있다. 정교한 알고리듬으로 시시각각 올라오는 새로운 피드들은 도파민을 자극한다. 불규칙적으로 울리는 '좋아요' 알람은 그곳에 오래 머물도록 우리를 자극한다. 페이스북 내 '좋아요' 기능을 개발한 저스틴 로젠스타인^{Justin Rosenstein}은 자신의 창조물이 생각하지 못한 부정적 영향을 준다며 스스로 페이스북 사용을 제한하는 애플리케이션을 설치했다.

도박 중독자는 불현듯 찾아오는 잭팟^{Jackpot}을 기다리며 불나방처럼 슬롯머신 앞에서 그들의 인생을 태워간다. 도박 중독자는 슬롯머신을 평균적으로 시간당 600회의 휠을 돌린다고 한다. 가치투자를 지향한다는 주식 중독자는 하루에도 몇 십 번씩 빨강, 파랑으로 변하는 주식 차트를 초조하게 바라보며 시간을 낭비한다. 통제할 수 없는 것은 예측할 수 없는 것이다. 통제할 수 없는 것에 빠지면 시간을 낭비하고 인생의 통제권을 잃게 된다. 미국의 신학자 라인홀트 니부어^{Reinhold Niebuhr}는 이렇게 기도했다. "신이여, 우리가 변화시킬 수 없는 것을 받아들일 평온을, 변화시킬 수 있는 것을 변화시킬 용기를 그리고 그 둘의 차이를 아는 지혜를 주옵소서."

중독은 시간 낭비의 문제만 초래하는 것이 아니라 사람의 눈을 어둡게 한다. 현재의 쾌락에 급급해 장기적 이익을 등한시하게 만들고, 현실감각을 떨어뜨려 인간의 사고를 망친다. 행동경제학자 안느 옌슨Anne Jensen은 현재 헤로인Heroin과 암페타민Amphetamine에 중독된 사람들과 과거에 중독됐던 사람들 그리고 이와 관련 없는 평범한 대조군을 나누어 실험했다. 실험 대상자들에게 복권 1등에 당첨된 상황을 상상해보라고 했다. 그런 뒤 돈을 당장 받는 대신 덜 받을지 아니면 일주일 후에 전부 받을지를 선택하라고 했다. 현재 약물에 중독된 이들 중 20퍼센트는 돈을 당장 받겠다고 했고, 과거 중독자들 중 4퍼센트, 단순 대조군에서는 2퍼센트만 당장 받겠다고 답했다. 이 실험을 통해 약물에 중독될수록 인내력이 부족하다는 것을 알 수 있었다. 흡연자를 대상으로 한 실험에서도 비슷한 결과를 보였다. 워런 K. 비클Warrne K. Bickel의 연구에 따르면, 마약성 진통제인 오피오이드Opioid에 중독된 사람은 미래를 평균 9일로 표현했고, 건강한 사람은 미래를 평균 4.7년으로 표현했다. 이처럼 무언가에 중독되면 중독될수록 미래를 연상하는 능력은 이와 비례하여 떨어진다. 눈을 떼지 못하고 주식 창을 바라보는 사람과 도박에 중독된 사람은 성급하고 타인에 대한 배려가 떨어진다는 사실이 과학적으로 증명된 셈이다.

일상의 모든 중독 문제는 도파민의 작용으로 비롯된다. 외부의 것이 자신을 지배하도록 둬서는 안 된다. 도파민이 불필요한 것에 중독되도록 하는 매개체가 아닌 성장의 거름이 될 수 있도록 노력해야 한다. 사람이 온전히 통제할 수 있는 것은 자신뿐이기 때문에 자신의 성장에 더욱 집착해야 한다. 이 과정을 통해서 자신의 도파민을 다스릴 수 있다.

애플의 CEO 팀 쿡Tim Cook은 매일같이 "나는 스스로 얻은 것에만 의지하며 노동과 노력의 가치를 인정한다"라는 만트라Mantra(힌두교에서 말하는 신비한 힘이 담긴 단어)를 외운다. 위대한 성취를 이루어낸 사람의 공통점은 자신의 노력으로 인생과 세상을 변화시킬 수 있다는 믿음을 가지고 있다는 것이다. 그들은 자신이 행동해야 삶이 변화한다는 인생에 대한 통제력을 머릿속에 각인시킨다.

사람들은 예측 불가능한 것에 집착한 채로 현실의 과업을 팽개치고 하루하루를 보낸다. 인생의 통제력을 잃고 자기 내면을 무시한 채 외부적인 요소에 시간을 보내는 것이다. 인생에서 온전히 자신을 통제할 수 있는 것은 노력의 양뿐이다. 낙관적인 미래를 그리며 끊임없이 노력하고 그 과정에서 성장하는 자신을 바라볼 때도 도파민은 분비된다. 같은 도파민이지만 자기 삶에 대한 태도 설정에 따라 훨씬 더 건강한 방향으로 작용할 수 있다. 도파민을 자신의 편으로 만들어 삶을 행복으로 물들일 수 있다.

미시간^{Michigan}대학교의 심리학자 앵거스 캠벨^{Angus Campbell}은 무엇이 사람을 행복하게 하는지 알고 싶었다. 많은 사람 중에서도 특별히 더 행복해 보이는 사람들이 있었다. 그들의 공통점은 내 삶을 내 뜻대로 살고 있다는 것이었다. 즉, 자기 삶을 오롯이 자신이 통제할수록 행복할 확률은 올라간다.

『괴짜 경제학^{Freakonomics}』의 저자 스티븐 레빗^{Steven D. Levitt}이 한 가지 실험을 고안했다. 직업을 바꾸는 것을 고민하는 사람에게 동전을 던져 앞면이 나오면 기호에 따라 직업을 바꾸고 뒷면이 나오면 현재의 직업을 유지하기로 했다. 2천 명 정도가 이 실험에 참여했다. 연구자는 직업을 바꾸는 것과 상업적 성공 간의 상관관계를 찾지 못했다. 하지만 흥미로운 사실을 발견했다. 앞면이 나와 직업을 바꾼 이들이 상업적 성공과 무관하게 더 행복해했다는 점이다. 자신의 인생을 자신의 의지로 바꿔서 인생의 주인공이 됐다는 사실 자체가 행복감을 느끼게 한 것이다. 결국 인생을 행복으로 이끄는 절대 불변의 요소 하나는 주체성이다.

오랫동안 행복이란 화두를 깊이 고민한 로마의 스토아철학 창시자인 제논^{Zenon}은 인생에서 통제할 수 있는 것은 오직 자기 자신뿐이라고 강조했다. 그는 부유한 무역상이었으나 하루아침에 막대한 재산을 송두리째 잃고 나서야 그 진리를 깨달았다. 그는 이미 일어난 불행에 집착하기보다는 평정심(아파테이아^{Apatheia})을 실현하고, 지금 해야 할 일을 하는 것이 행복의 지름길이라고 했다. 행복이란 의외로 먼 곳에 존재하지 않는다. 진정한 추월은 행복을 깨닫는 것에서부터 시작한다.

긍정적인 생각을 방해하는 부정 편향

한 연구 결과에 따르면 생후 7개월의 아기가 불행한 기억을 더 잘 기억한다고 한다. 삶의 경험이 거의 없다는 갓난아기도 행복한 기억보다는 불행한 기억을 더 잘 떠올리는 것이다. 이는 빛보다 어둠에 초점을 두는 것이 인간의 본능이라는 말로 해석할 수 있다. 선조들은 하루에도 수많은 위협에 둘러싸여 지냈다. 자연재해, 맹수의 습격, 종족 간의 분쟁 등 다양한 위협에 예민하게 반응해야 스스로를 지킬 수 있었다. 그래서 갖가지 위협에 과민하게 반응하는 심리가 발달하였다.

두려움을 느끼는 순간 뇌는 우리 몸에 코르티솔Cortisol과 아드레날린Adrenalin을 분비하도록 명령을 내려 심장이 더 빠르고 강하게 뛴다. 스트레스 상황에서 심박수가 올라가는 경험을 누구나 해봤을 것이다. 뇌를 자극하는 스트레스 경험은 머릿속에 오래도록 잔상이 남아 때로는 트라우마(외상 후 스트레스 장애)가 되기도 한다. 온갖 위협이 도사리고 있는 원시사회에서는 긍정적인 기억보다 부정적인 기억을 지니고 있는 것이 생존에 유리했다. 그 부정적 기억을 지지대 삼아 앞으로의 위협에 대비할 수 있었기 때문이다. 인간이 현재의 감사함을 잊은 채 부정적인 기억을 자주 떠올리며, 자신이 가지지 못한 것에 집착하는 행동도 성격이라기 보다 본능에 가깝다.

현재에 감사하고 긍정적인 마음으로 살아가려 애쓰지 않으면 곧 부정적 감정에 휩쓸리고 만다. 현재의 상황을 정확하게 진단하고 가능성과 위협 요인을 분석하는 자세는 바람직하다. 현실을 파악하려는 목적이 더 앞으로 나가고자 하는 것이기 때문이다. 그러나 기회를 보지 못하고 일어나지 않은 위험을 두려워하며 앞으로 나가지 못한다면 결코 성장할 수 없다.

재즈 역사상 가장 위대한 기타리스트인 장고 라인하르트^{Django Reinhardt}는 열여덟 살에 큰 화재로 온몸 절반에 화상을 입어 왼손 약지와 새끼손가락을 쓰지 못하게 됐다. 음악가의 혼을 빼앗을 수 있는 큰 사고였지만 그는 포기하지 않고 자신만의 기회를 찾아냈다. 자신만의 핸디캡을 극복하기 위해 혼신의 노력으로 재활 훈련을 했다. 그 뒤 핑거링(악기를 연주할 때에 손가락을 쓰는 방법) 시 두 손가락을 질질 끌며 지판을 이동하는 자신만의 특별한 연주 기법을 개발했고, 그 독특한 주법으로 거장의 반열에 올랐다. 그는 자신이 잃은 것에 집중하지 않고 할 수 있는 것에 집중해 온 힘을 쏟아부었다.

삶에는 빛과 어둠 공존한다. 그러나 어둠은 결코 어둠을 몰아 낼 수 없고 오직 빛만이 몰아낼 수 있다. 어둠이 찾아왔을 때 어둠에 집중한다면 결국 어둠 속에 갇히게 된다. 스스로가 자신의 인생에 촛불이 돼 도파민을 연료 삼아 밝게 빛나야 한다. 자신을 빛 낼 수 있는 존재는 오로지 자신뿐이다.

실패를 부르는
생각

도전을 게을리하고, 불건전한 것에 중독되며, 부정적 생각을 자주
하는 것은 선조들이 생존하기 위해 수만 년간 키워온 본능이다.
생존의 위협이 사라지고 기회로 꽉 들어찬 현대사회에서는 본능
을 극복하기 위해 의식적으로 노력해야 한다. 그럼에도 불구하고
이러한 본능은 우리의 사고와 만나 더욱 구체화되고 짙어지는 양
상을 보인다. 본능들이 사고와 결합해 어떻게 구체화되는지 살펴
보자.

너는 내 밑이야

사람의 뇌는 살면서 마주하는 수많은 불확실성에 대처하기 위해
접하는 정보들을 끊임없이 패턴화·일반화하려는 경향이 있다. 혼
란과 애매함을 피하고 신속한 판단으로 뇌에 질서를 부여하는

본능을 심리학 용어로 '인지적 종결 욕구Need for Cognitive Closure'라고 한다. 이것은 미국의 사회심리학자 아리에 크루글란스키Arie Kruglanski가 제안한 개념으로, 어떤 정보를 접했을 때 반증의 여지가 없이 불변의 최종 결론을 얻고자 하는 인간의 욕구를 의미한다. 대량의 정보 속에서 인지적 과부하Cognitive Overload가 발생했을 때 이것을 해소하기 위해 방향과 맥락을 잡아주는 길잡이를 원한다는 것이다. 많은 사람이 결론에 목을 맨다. 과정이 아닌 확실한 결론을 원하고, 그 결론 속에 자신을 가둔다. 스스로를 우월한 사람 또는 열등한 사람이라고 미리 결론 내리고 좀처럼 그것을 수정하지 못한다.

1929년 2천 개가 넘는 은행들이 파산한 경제 대공황 시기, 3조 원이 넘는 돈을 벌어 들인 전설적 투자자 제시 리버모어Jesse Lauriston Livermore는 맨해튼의 한 호텔에서 떨리는 손으로 권총을 자신의 관자놀이에 겨눈다. 그는 일시에 큰돈을 벌어 들인 뒤 낭비와 사치 속에 살면서 판단력을 잃고 말았다. 명석한 그였지만 집중력과 열정을 상실한 채 무리한 투자로 결국 파산을 한 것이다. 그는 자신의 아내에게 이런 유서를 남겼다. "니나에게. 이젠 어쩔 수가 없구려. 모든 게 최악이라오. 난 지쳤소. 더 이상 버틸 수 없소. 이것만이 나의 탈출구가 될 듯하오. 당신의 사랑은 내 분수에 넘친다오. 난 실패자요. 정말 미안하오만, 이것만이 내게 남겨진 유일한 길이라오." 막대한 성공을 거둔 지 얼마 되지 않아 스스로 실패자라 칭하고 생을 마감했다.

역사를 살펴보면 거의 모든 제국의 몰락 원인은 상부의 자만이다. 한때 힘을 합쳐 페르시아를 막았던 아테네와 스파르타는 펠로폰네소스 전쟁으로 공멸의 길을 걷고, 그들이 야만인이라 괄시하던 북방의 테베와 마케도니아에 복속된다. 조선이 깔보던 여진족은 청 제국을 세웠고, 중화사상을 부르짖으며 최강의 치세를 자랑하던 청 제국은 영국에게 철저히 유린당하다 쑨원에 의해 멸망한다. 이후 영국은 지고 있는 해라는 오명을 쓰고 자신들의 이민자가 세운 나라인 미국에게 세계 최고의 자리를 뺏긴다. 이들은 현재의 서열에 취해 스스로 강해지기 위한 노력을 게을리했다. 급작스러운 성공 이후가 크게 실패하기 쉬운 지점이다. 프랭클린 루즈벨트Franklin Delano Roosevelt는 이렇게 말했다. "패배보다는 승리 때문에 몰락하는 사람이 더 많다."

인간이 무리생활을 시작한 이후 무리의 완벽한 구성원이 되기 위해 타인에 대한 관심을 키웠다. 타인에 관한 방대한 정보를 소화하기 위해 자신과 타인을 분류하여 계급의 틀에 끼워 맞추기 시작했다. 인간은 어떤 영역에서 일시적인 성공을 거두면 타인의 긍정적인 반응을 그대로 받아들여 자만에 빠진다. 그러고는 자기 자신을 서열의 상단에 놓고 자신감 과잉의 상태로 접어들게 된다.

자신의 정체성에 자만심이 생기면 참신한 시도를 게을리하고 오로지 자신의 서열을 지키기 위한 행동을 한다. 평판에 지나치게 관심을 기울여 감정을 소모하고, 자신의 서열을 갉아먹는 이들에게 지나친 공격성을 보인다. 그러다 메타 사고를 장착한 유연한 신인에게 철저히 부서진다. 그들은 자신이 설정한 서열이 무너지는 것을 납득하지 못한다. 무너진 자존심과 패배의식은 혈관을 타고 온몸으로 번져 점점 병들어간다. 그들은 리버모어처럼 섣불리 자신을 패배자라고 규정지으며 재기의 동력마저 스스로 놓아버린다. 실패의 원인을 자신이 초래한 것임을 인정하지 않고 과거를 탓하며 시간을 보내느라 반성을 통한 도약도 불가능해진다. 잃어버린 시간에 대한 보상 심리로 상황을 반전시키고자 무리한 시도를 한다. 무모함으로 인한 연속된 실패에 자신은 실패할 수밖에 없는 운명이라고 단정하여 회복 가능성마저 잃고 만다. 그리고 주름과 후회로 남은 인생은 보낸다.

이른 나이의 성공은 위험하다고 말한다. 스타 아역배우는 자신의 정체성이 형성되기도 전에 세간의 과도한 호평을 받고, 그 성공에 깃든 운이라는 존재를 인지하지 못한 채 자만에 빠진다. 만약 새로운 작품의 반응이 시들해지면 견디지 못하고 지나치게 전전긍긍한다. 인생에 대한 통제력을 갖기도 전 어린 나이에 사회에 발을 디딘 스타 아역배우에게 세간의 반응은 곧 토양이기 때문이다. 토양이 불안정하고 거세게 흔들리면 우울증이나 공황장애 같은 질병에 쉽게 빠진다. 그러다 앞서 나가는 신인을 질투하며 애꿎은 감정으로 자신에게 남은 잠재력마저 소진시킨다. 그렇게 보내는 시간이 길어질수록 가능성은 점점 더 멀어진다.

어떤 실패를 겪든 어려운 상황을 극복할 수 있는 수단은 반드시 존재한다. 극도로 나빠졌다는 것은 더 좋아질 가능성이 있다는 것을 의미하기 때문이다. 극복하고자 하는 끈기야말로 태도의 품격이자 추월자가 갖고 있는 공통적인 자질이다.

심리학자 마틴 셀리그먼Martin Seligman은 셰퍼드들을 세 개의 그룹으로 나누어 실험했다. 첫 번째 그룹은 전기충격이 가해지는 곳에 가둔 뒤 전기충격을 멈출 수 있는 레버를 설치했다. 두 번째 그룹은 첫 번째 그룹과 똑같은 곳에 가두었지만 작동이 되지 않는 레버를 설치했다. 즉, 어떻게든 전기충격을 멈출 수 없는 것이다. 마지막 세 번째 그룹은 전기충격이 가해지지 않는 곳에 가두었다. 전기충격이 가해지자 첫 번째 그룹의 셰퍼드들은 레버를 내려 전기충격을 멈췄다. 그러나 두 번째 그룹의 셰퍼드들은 어떤 행동에도 상관없이 계속해서 전기충격을 받았다. 그리고 세 번째 그룹의 셰퍼드들은 아무런 전기충격도 받지 않았다. 이후 셰퍼드들을 한 마리씩 커다란 상자에 넣었다. 상자의 중간에 낮은 칸막이를 설치하여 공간을 구분했고, 다른 한쪽에는 전기충격이 가해지지 않도록 설정해놓았다. 그리고 셰퍼드들이 있던 곳에 전기충격을 가했다. 첫 번째 그룹과 세 번째 그룹에 있던 셰퍼드들은 충격이 가해지자마자 칸막이를 뛰어넘어 안전지대로 피했다. 그러나 두 번째 그룹의 셰퍼드들은 가만히 앉아 어떠한 행동도 시도하지 않은 채 전기를 맞으며 고통스러워했다. 이것이 바로 학습된 무력감 실험이다. 인생이라는 거대한 자원 앞에서 작은 실패로 자신의 인생 전체를 규정하고 고통을 피할 생각조차 하지 않는다면 두 번째 그룹의 셰퍼드들과 다를 바 없다.

본인의 가치를 과대평가하는 것 못지않게 과소평가하는 것 또한 삶에 악영향을 끼친다. 비전이나 가치관이 다른 타인과 비교하며 자신의 가치를 매기는 것은 굉장히 위험하다. 복잡한 사회에서 가치를 정량적으로 판단할 수 있는 기준이 존재하지 않기 때문이다. 비교 대상은 오롯이 과거의 자기 자신뿐이다. 따라서 인생 전반에 대한 통제력을 갖고 자신의 발전에만 영혼을 쏟아부어 행복이라는 결실을 맺어야 한다.

자신과 주변 사람을 수직적 기준에 끼워 맞춰 생각하는 것을 서열화 사고라고 한다. 인간은 서열이 무너지는 것을 극도로 싫어한다. 만약 서열이 무너지면 막대한 감정적 비용을 지불하느라 인생의 집중력을 잃고 현명한 가치 판단을 하지 못한다. 따라서 사회적 평가에 대한 시선을 거두고 내면의 목소리에 집중해야 한다.

경제 위기를 연구하며 평생을 보낸 경제학자 찰스 킨들버거 Charles P. Kindleberger는 자신의 연구를 한마디로 정리했다. "친구가 부자가 되는 것만큼 사람의 분별력을 어지럽히는 일은 없다." 친구란 말 그대로 인생의 상황과 맥락을 공유한 사이다. 동일선상에 있다고 생각했던 친구가 부자가 되자 이를 따라잡기 위해 무리하게 투자를 벌리고, 이것이 결국 사회 전반으로 이어지면 경제 버블의 원인이 된다는 것이 그의 설명이다. 비슷한 선상에 있던 사람이 저만치 앞에 가면 뇌는 극심한 고통을 받는다. 애초에 타인에게서 독립하여 비교를 멈춰야 한다.

일본의 신경학자 다카하시 히데히코高橋秀彦가 취업준비생을 모아놓고 두뇌 활동을 측정했다. 그런데 같은 취업준비생임에도 불구하고 좀 더 우수한 사람을 소개하는 순간 뇌에서 통증을 담당하는 부위가 격렬하게 반응했다. 그런데 그가 심각한 실패를 겪었다는 것을 알았을 때는 단것을 먹거나 기쁨을 느낄 때 활성화되는 부위가 격렬하게 반응했다. 이 실험을 통해 질투의 감정은 본능적이라는 것을 알 수 있다. 인지적 종결 욕구에 따라 자신과 주변 사람을 범주화하고 서열을 매긴다. 거기에 그치는 것이 아니라 좁은 인간관계 속에서 서열을 지키기 위해 에너지를 낭비한다. 이러한 과정 속에서 유연한 사고, 즉 메타 인지력은 형편없는 수준으로 떨어지고 좁아진 시야 때문에 무수한 혁신의 기회를 놓치고 만다.

에이브러햄 매슬로우Abraham Harold Maslow는 인간의 욕구를 생리적 욕구, 안전의 욕구, 사랑과 소속의 욕구, 존중의 욕구, 자아실현의 욕구 다섯 가지로 구분했다. 생리적 욕구와 안전의 욕구가 거의 충족된 지금은 대부분 인정과 존중을 끊임없이 갈망한다. 우리는 칭찬과 주변인의 인정에 예민한 시대를 살고 있다. 그럼에도 불구하고 자신을 이해관계 없이 청결한 기준으로 바라보고 인정하며 다독여줄 수 있는 사람은 자기 자신뿐이다.

경제학자 울리크 멜멘디어Ulrike M. Malmendier와 제프리 테이트 Jeffrey A. Tate의 연구에 따르면 기업의 최고 경영자가 명예로운 상을 받으면 그 기업의 주가와 실적이 서서히 떨어진다고 한다. 이유는 최고 경영자가 칭찬에 취해 과업을 망각한 채 대외활동에 집착하고, 눈에 보이는 단기적 경영 정책을 폈기 때문이다. 타인의 평가에 연연해 장기적인 관점의 혁신과 도전을 게을리하면 유연한 사고를 갖고 끊임없이 노력하는 신인들에게 무참히 추월당한다. 그 결과 집착하던 좋은 평판마저도 잃게 된다. 인정받는 데만 혈안이 되면 성공의 카드는 내가 아닌 남이 쥘 수밖에 없다. 그래서 심리학자 알프레드 아들러Alfred Adler는 획일화된 기준으로 인간의 진정한 자유를 억압하는 상벌 교육을 강하게 반대했다.

<센과 치히로의 행방불명The Spiriting Away Of Sen And Chihiro>을 만든 미야자키 하야오宮崎駿 감독에게 한 기자가 무례한 질문을 던졌다. "최근 애니메이션 '귀멸의 칼날'이 당신의 기록을 뛰어넘은 것에 대해 어떻게 생각하시나요?" 미야자키 하야오는 간단하게 이렇게 대답했다. "그걸 왜 나한테 이야기하세요?" 그가 가진 삶의 비전은 자신이 만들 수 있는 최선을 내놓는 것이기 때문에 타인의 성공은 그에게 아무런 의미가 없었다. 스티브 잡스는 "시간은 한정돼있으니 다른 사람의 삶을 사느라 자신의 시간을 낭비하

지 말라"고 말했다. 그러자 그의 후계자 팀 쿡은 "스티브를 대신하기보다는 내가 될 수 있는 최상의 팀 쿡이 되기 위해 노력할 것이다"라는 말로 응수했다. 1986년 LA 레이커스^{Los Angeles Lakers} 감독 팻 라일리^{Pat Riley}는 선수들 간의 비교를 자제하고 개인의 능력치에 맞는 맞춤형 목표를 설정하여 이를 근거로 선수를 평가했다. 오로지 선수 자신의 발전에만 초점을 두도록 유도했고, 시즌당 최소 1퍼센트 이상 향상할 것을 주문했다. NBA 역사상 최고의 팀은 그렇게 탄생했다.

서열은 허물어지기 쉬운 허상이다. 그럼에도 불구하고 서열에 집착하는 것은 실패로 가는 지름길이다. 선발주자들이 인간관계에 에너지를 쏟는 동안 후발주자들은 오롯이 스스로에게 집중해 인생의 혁신을 이루고 서열을 뒤엎고 만다. 서열은 자신의 행동으로 인해 전복되기 쉬운 유약한 잣대에 불과하다. 타인과의 관계에 기반을 둔 목표가 아닌 현재의 자신보다 나은 미래의 자아상을 기준으로 삼아 최선의 노력을 해야 한다. 이를 위한 최선을 방법은 눈앞의 과업에 온전히 집중하는 것이다. 그러면 세상의 이목과는 자연스럽게 멀어질 것이다. 왜곡된 타인의 시선에서 벗어나 자신의 현재 상황을 진단할 수 있는 주체는 자기 자신뿐이라는 것은 명심해야 한다.

더 재미있는 게 없을까

도파민은 언제나 불만족스러운 현재에서 벗어나 빨리 새로운 것에 도전하라고 속삭인다. 도파민의 종착지는 도전 아니면 중독이다. 여기서 흥미로운 사실은 도파민의 활성 정도에 유전적 요인이 작용한다는 것이다. 도파민 활성이 높은 도박 중독자의 자식 또한 도파민 활성이 높게 나타나는 경향이 있다. 따라서 부모처럼 도박 중독자가 될지 아니면 세계적인 혁신가가 될지는 스스로의 태도에 달려있다.

도파민 활성 정도가 높은 사람은 현재에 자리에 만족하지 못하기에 용감하게 삶의 터전을 옮길 가능성이 높다. 인류는 아프리카에서 발생하여 동아시아를 통과한 후 베링해협Bering Strait을 거쳐 북미와 남미로 이동했다. 아프리카에서 남미까지 이주한 선조들은 아프리카에 머문 이들보다 더 용감했고, 새로운 것을 선호했을 것이다. 실제로 남미 토착민 집단의 DNA를 조사한 결과 이들의 도파민 활성은 월등히 높았던 것으로 나타났다. 남미가 '열정의 나라'라고 불리는 데는 이런 이유가 있었던 것이 아닐까.

미국을 흔히 이민자의 나라라고 부른다. 미국의 역사가 이민에서 시작됐기 때문이다. 이런 맥락으로 삶의 터전을 옮긴 이민자들은 도파민 활성 정도가 좀 더 높을 것이라고 예상할 수 있다. 실제로 1901년부터 2013년까지 전체 노벨상 수상자의 42퍼센트가 미국에서 배출됐다. 연구 지원 제도나 학풍도 한몫을 했을 것이기 때문에 단순히 도파민 탓이라고 정리하기는 힘들다. 하지만 좀 더 면밀히 들여다보면 도파민 유전 가설은 힘을 얻는다. 2005년을 기준으로 미국 실리콘밸리에서 이민자가 창업한 스타트업은 전체 입주 기업 중 무려 52퍼센트를 차지했고, 2006년 미국 특허청에 등록된 국제특허의 40퍼센트는 미국에 거주하는 외국 국적 사람의 작품이었다. 결국 도파민 활성 정도가 높은 사람이 혁신을 만들어낼 가능성이 큰 것이다. 도파민 활성이 낮은 그룹과 비교했을 때 도파민 활성이 높은 그룹에 창업자가 2배 많았다는 연구 결과도 있다.

영국 런던 정치경제대학이 진행한 프로젝트 '세계 기업가 정신 모니터링 연구'에 따르면 1인당 창업 건수가 가장 많은 나라는 미국, 캐나다, 이스라엘, 호주였다. 이 중 미국, 캐나다, 호주 세 나라는 전체 국민 중 이민자의 비율이 10위권 안에 드는 나라다. 이스라엘은 현대 국가 중 역사가 3세대가 채 되지 않을 정도로 짧다는 특징이 있다. 이 사례를 통해 도파민에 유전적 요소가 개입된다는 사실과 도전의 상징과도 같은 도파민의 잠재적인 힘을 알 수 있다. 도파민 활성에는 유전적 요소가 개입되지만 후천적인 노력으로 활성 정도를 충분히 올릴 수 있는 것이 바로 도파민이다. 후천적 노력의 대표적인 것은 자신이 좋아하는 일을 찾는 것이다. 자신이 좋아하는 일을 할 때 도파민이 마구 분비된다. 그래서 추월자는 좋아하는 일을 하면서 혁신을 이뤄낸다.

도파민은 현실에 대한 불만족을 깨워 우리에게 용기를 무릅쓰게 한다. 그러나 항상성 원리에 따라 우리에게는 불만족이 아닌 만족을 느끼게 하는 호르몬도 있다. 엔도르핀이 바로 그 역할을 한다. 엔도르핀은 우리에게 만족감을 선사한다. 도파민과 엔도르핀은 상호 보완적으로 작용하여 인간을 제어하는 엔진과 브레이크 역할을 한다. 아편계 마약인 헤로인은 도파민과 엔도르핀 체계를 동시에 자극하여 브레이크를 밟고 전속력으로 달리는 레이싱카처럼 연기를 내뿜으며 뇌 속에 격렬한 스파크를 만들어낸다. 그 뒤 아스팔트 도로 위 스키드마크Skid Mark(자동차가 급브레이크를 밟았을 때 노면에 생기는 타이어의 미끄러진 흔적)처럼 뇌에 씻을 수 없는 흔적을 남긴다. 그러나 일반적으로는 도파민이 엔도르핀보다 훨씬 강하게 작용하기 때문에 만족하지 못하고 항상 무언가를 추구하는 행동을 한다. 불만족은 뇌의 기본 값인 셈이다. 만족은 잠시고 불만족은 길다. 만족은 일시적인 감정일 뿐이며 영원한 만족은 절대 불가능하다. 욕구와 만족의 부조화가 바로 인간이 가진 본연의 향상 욕구다.

향상 욕구가 자신이 통제할 수 있는 것과 만나면 지속적인 성장으로 이어지지만, 만약 도파민이 통제 불가능한 것과 만나면 심각한 중독의 문제를 초래한다. 도파민은 양날의 검과 같아서 언제나 예측 불가능하고 변동이 심한 것에 강하게 반응한다. 통제할 수 없는 것에 집착하면 스스로 자신의 인생을 바꿀 수 있다는 믿음이 무너지기 시작한다. 노력의 가치를 잃어버린 사람은 더 이상 노력하지 않고 그저 살아지는 대로 자신의 삶을 내던질 뿐이다. 이렇듯 인생의 통제권을 잃는 것은 모든 비극의 서막이다.

미국의 심리학자 프레더릭 스키너Burrhus Frederic Skinner는 실험용 쥐를 상자 안에 가두고 자극에 관한 조건화 행동을 연구했다. 쥐가 손잡이를 누르면 먹이가 나오도록 했는데, 조건을 달리한 후 어떤 조건에서 손잡이를 더 많이 누르는지 실험했다. 첫 번째는 손잡이를 누르면 반드시 먹이가 나오게 하고, 두 번째는 손잡이를 누르는 것과 관계없이 규칙적인 시간 간격으로 먹이를 줬다. 세 번째는 손잡이를 누르면 불규칙적으로 먹이가 나오게 했다. 예상대로 쥐는 두 번째 조건에서 가장 적게 손잡이를 눌렀다. 흥미로운 점은 손잡이를 누르면 바로 먹이가 나오는 첫 번째 조건보다 세 번째 조건에서 훨씬 더 많은 손잡이를 눌렀다는 사실이다. 그리고 손잡이를 누르는 것과 별개로 쥐는 세 번째 조건에서 슬롯머신 앞에 앉은 도박 중독자처럼 하루 종일 손잡이만 바라보며 아무것도 하지 못했다. 실제로 이것이 자신의 의지로 바꿀 수 없는 것에 의존했을 때 일어나는 결말이다.

불확실성의 대명사인 슬롯머신은 미국에서 현재 야구, 영화 및 테마파크를 합친 것보다 더 큰 수익률을 내고 있다. 도파민은 도박에 이기고 질 확률이 같을 때, 즉 가장 불확실할 때 최대로 분비된다. 이처럼 불확실한 것에 중독되면 온종일 손잡이만 들여다보는 실험용 쥐처럼 삶에 대한 주의력을 뺏긴 채 귀중한 삶의 자원을 허비하고, 자신에 대한 회의와 반복적인 후회 때문에 남은 거대한 가능성마저 부정해버린다.

그리스·로마 신화에는 아버지 제우스Zeus에게 형벌을 받아 지옥으로 떨어진 탄탈로스Tantalus의 이야기가 나온다. 지옥에서는 무언가를 욕망할수록 그것과 더욱 멀어진다. 목이 말라 손을 뻗으면 우물과 멀어지고, 배가 고파 열매로 손을 뻗으면 나뭇가지는 어느새 저만치로 가버린다. 그러다 죽음을 욕망하지만 오히려 더욱 건강해져서 타는 목과 주린 배가 주는 고통은 더욱 생생해진다. 이것은 인류가 창의력을 발휘하여 만들어낸 지옥의 모습이다. SNS 속 자신에 대한 평판을 알아보기 위해 하루의 상당 부분을 쓰며, 본인 앞에 펼쳐진 대지를 지옥의 모습과 비슷하게 꾸며나가는 이들이 많다. 실시간으로 새로운 정보가 올라오는 인스타그램의 피드, 태그 서비스, '좋아요' 알림, 유튜브 자동 재생 기능에는 인간 심리의 취약성을 공략하는 요소가 다분하다. 그래서 우리는 가변적 보상이 녹아있는 앱에 쉽게 중독되고 스스로 인지하지 못한 채 고통을 느낀다.

공황장애는 연예인이 갖는 직업병이라고 말을 한다. 그렇다면 왜 연예인은 이토록 공황장애에 쉽게 빠지는 것일까. 연예인 수익의 근원은 대중의 관심이므로 그들을 더러 대중의 관심으로 먹고산다고 한다. 따라서 습관적으로 대중의 피드백에 주의를 집중할 수밖에 없다. 매일 같이 자신의 이름을 포털 창에 검색하고 댓글을 확인한다. 좋은 댓글과 나쁜 댓글이 나란히 달려있다. 도파민은 불확실성이 극도로 올라간 상황에서 그들을 자극하고 더욱 더 그것에 매달리게 한다. 가변적인 것에 쉽게 이끌리는 도파민 시스템에 따라 자신을 둘러싼 타인의 평가에 중독된다. 대중의 관심이 식어가고 그들은 엄청난 불안함과 상실감을 느낀다.

시험 성적이 안 좋으면 공부를 더 해서 시험을 준비하면 된다. 운동선수들은 본인의 기록으로만 피드백을 받는다. 직장인은 회사 내부의 고과 기준에 따라 평가된다. 이처럼 다른 직업은 성과를 본인이 어느 정도 통제할 수 있다. 그런데 연예인이라는 직업은 대중의 호감으로 먹고살기 때문에 변수가 무수히 많다. 좋다가도 질리고, 호감에서 순식간에 비호감으로 바뀌기도 한다. 그들은 자기 삶에 대한 통제권을 잃고 건강한 마음으로 살아가기 힘든 것이다. 타인의 평가가 인생의 목적이 돼서는 안 된다. 타인이 나를 어떻게 평가하는지는 내가 통제할 수 없다. 스스로 높은 기준점을 설정하고 이것에 최선을 다하다 보면 좋은 평가는 자연스럽게 따라온다. 인생의 통제권을 절대 타인에게 내어주지 않고 나 스스로 완성하는 과정을 즐겨야 한다.

중독은 시간을 낭비하게 만드는 것뿐만 아니라 의지력을 약화시킨다. 인간의 의지력은 절대 무한하지 않다. 그러므로 불건전한 것에 중독되지 않으려 노력해야 한다. 그것이 성공의 조건이다.

개개인의 총량은 다르지만 주의력과 의지력은 한정된 자원이다.

한 실험에서 참가자들에게 감정이 고조되는 영화를 보면서 악력계를 누르며 감정 반응을 억누르라고 지시했다. 참가자들은 악력계를 누르는 힘이 평소보다 형편없었다. 한정된 의지력을 감정을 억누르는 데 쓰다 보니 근육 수축을 견디는 능력이 떨어진 것이다. 또 다른 실험에서는 맛있게 익은 쿠키를 앞에 두고 수학 문제를 모두 풀어야 쿠키를 먹을 수 있다는 규칙을 제안했다. 쿠키에 손대지 못하게 한 채 수학 문제를 푼 실험자들은 그렇지 않은 그룹에 비해 상당히 빠른 시간에 문제를 포기했다. 쿠키를 먹고 싶은 욕구를 억누르느라 정작 과업에서 집중력을 발휘하지 못한 것이다. 의지력이라는 자원을 유혹 요소에 뺏기지 말고 최대한 발전적인 곳에 사용해야 한다. 또한 삶에서 중독 요소를 몰아내기 위해 부단히 노력해야만 한다. 내가 통제할 수 있는 것에 온 신경을 기울여야 생의 혁신을 이룰 수 있다.

'스타벅스Starbucks'의 로고이기도 한 그리스·로마 신화 속 요정인 사이렌Siren은 아름답고 달콤한 노랫소리로 지나가는 배의 선원들을 유혹하여 죽게 했다. 많은 선원이 그녀의 노랫소리에 빠져 먹지도 마시지도 않고 노래만 듣다가 결국 굶어 죽었다. 이타카Ithaca의 왕이자 영웅 오디세우스Odysseus는 사이렌의 노래에 유혹당하지 않기 위해 부하들의 귀를 밀랍으로 막았고, 자기 몸을 돛대에 꽁꽁 묶어 달콤한 죽음의 바다를 무사히 건널 수 있었다.

오디세우스처럼 더 나은 미래로 향하는 강을 건너기 위해 스스로 통제해야 한다.

불필요한 중독에서 벗어나기 위해 가장 먼저 해야 할 일은 탐색과 거리두기다. 첫 번째로 자신이 중독된 요소가 무엇인지 탐색해야 한다. 미국 폐건강협회에서 금연 치료법을 연구하던 중 자신이 무엇을 원하는지 인정하고 탐색하는 법을 배운 흡연자의 금연 성공률이 기존의 금연 프로그램 성공률보다 배가 높다는 것을 발견했다. 이처럼 하루를 돌아보며 SNS, 게임, 인터넷 검색, 쇼핑 등 무엇에 얼마나 시간을 낭비하고 있는지 적나라하게 들여다보고 탐색해야 한다. 그 과정을 통해 낭비한 시간만큼 얼마나 많은 것을 할 수 있는지 무궁무진한 가능성을 깨닫게 될 것이다.

불필요한 중독에서 벗어나기 위해 할 일의 두 번째는 거리두기다. 미국 심리학회에서 흡연자인 비행기 조종사를 대상으로 시간마다 흡연욕을 체크했다. 비행 중에는 흡연욕이 최저였으나 목적지에 도착할 때쯤 흡연욕이 치솟아 정점을 찍는다는 것을 발견했다. 여기서 알 수 있는 것은 본인의 과업에 열중했을 때 중독 반응은 줄어들고, 과업이 끝날 때쯤 중독 요소와 욕구 대상이 가까워질수록 중독 반응이 두드러진다는 점이다.

베트남전쟁 중 미국은 베트남에 파병된 병사들의 헤로인 중독으로 골머리를 앓고 있었다. 대다수가 중증으로 심각한 수준이었다. 미국 정부는 이들이 고국에 돌아오기 전 다양한 중독 치료 프로그램을 개설하여 이들을 맞을 준비를 했다. 쉽게 치료되지 않을 거라는 예상과 다르게 병사들은 고국으로 귀환하자 대다수가 씻은 듯 말끔하게 중독에서 벗어나 일상생활을 할 수 있었다. 베트남에서는 온종일 스트레스가 극심한 환경에서 헤로인에 둘러싸여 지냈지만 가정으로 돌아오면서 자연스럽게 헤로인과의 거리가 멀어졌고, 가장으로서 역할에 몰입했기 때문이다. 중독자들에게 0.033초 동안 코카인 사진을 보여주는 것만으로도 뇌를 자극하여 욕구를 일으킨다는 연구 결과도 있다. 맥락이 바뀌면 습관도 바뀐다. 자신의 의지력을 시험하지 않고 의지력을 발휘할 필요가 없는 공간에 자신을 두는 것 또한 자신을 위한 담대한 의지다.

인생에서 중독의 요소를 아예 삭제하는 것은 불가능하다. 하지만 도파민을 자극하는 이런 요소들에 대해 자신이 통제력을 가지려고 노력해야 한다. 즉, 자신의 도파민 체계를 이해하고 길들여야 한다는 것이다. 그러기 위해 필요한 것이 자신에 대한 기준과 규칙이다. 인간은 자신만의 규율을 통해서 온전히 자유로워질 수 있다. 임마누엘 칸트Immanuel Kant의 말처럼 자기 내면에 법을 만들어야 한다. 심리학자 H.A. 도프먼Harvey A. Dorfman은 "자기 규율은 자유의 한 형태다. 게으름과 무기력에서의 자유고, 다른 사람의 기대와 요구로부터의 자유며, 나약함과 공포 그리고 의심으로부터의 자유다"라고 말했다. 이처럼 진정한 자유는 사소한 쾌락으로부터 자신을 멀리하는 데서 시작한다. 고대 그리스 철학자 에피쿠로스Epikuros는 "쾌락은 육신의 고통과 영혼의 고뇌가 없는 상태"라고 하였다. 현재에 집중하는 사람의 영혼은 맑고 건강하여 고뇌가 끼어들 틈이 없다.

빅토르 위고Victor-Marie Hugo는 몇 달간 입을 옷 하나를 제외하고 자기 옷을 몽땅 장롱에 넣고 자물쇠로 잠근 후에야 그의 위대한 저작 『노트르담 드 파리Notre-Dame de Paris』를 완성할 수 있었다. 쿠엔틴 타란티노Quentin Tarantino는 각본을 쓸 때 유혹에 흔들리지 않기 위해 절대 컴퓨터를 이용하지 않고 손으로 노트에 쓴다고 한다. 『프리덤Freedom』을 쓴 현재 미국의 가장 영향력 있는 소설가인 조너선 프랜즌Jonathan Franzen은 글을 쓰기 전 인터넷 선에 초강력 접착제를 바른 후 콘센트에 끼우고 그 머리 부분을 잘랐다고 한다.

통제 불가능한 것에 집착하는 모습은 마치 현실을 잊은 채 벌건 눈으로 현란한 슬롯머신을 뚫어져라 응시하는 도박 중독자와 비슷하다. 온전히 통제할 수 있는 것은 과업을 향한 노력의 양이다. 인간은 한시도 무언가를 추구하지 않고서는 살아갈 수 없게 만들어졌다. 인간의 본능인 향상욕을 자신의 과업을 향한 열정과 노력으로 승화시키는 것이 추월의 시발점이다. 요리사는 1퍼센트 재료 배합의 차이까지 신경 쓰고, 운동선수들은 미세하게 자세를 변화시키면서 자신만의 폼을 완성해낸다. 끊임없이 변화를 추구하면 그 속에서 도파민이 자극되어 즐거움을 느낀다. 서로 다른 성장 환경과 유전자의 구조 때문에 각자가 가진 치열함이 최대한 발휘되는 영역은 다르다. 어떤 영역에서 자신의 치열함이 가장 잘 발휘되는지를 관찰하고, 인생 전반을 통해 그 극치를 끌어내어야 한다. 그 과정에서 내면에 품고 있는 최선의 자아와 마주하게 될 것이다.

난 여기까지야

태초부터 인간은 위험을 인지하고, 그 위험에 대비해 효율적으로 자원을 사용하기 위해서 손실을 지극히 싫어하도록 진화하였다. 그래서 인간은 자신이 가진 것을 잃는 것에 매우 민감하게 반응한다. 과거의 실수에 대해 지나치게 골몰하고 후회하는가 하면 잃는 것이 두려워 쉽게 도전조차 하지 못하는 때도 있다. 결국 아무것도 얻지 못하게 된다. 노벨경제학상을 받은 이스라엘 심리학자 다니엘 카너먼Daniel Kahneman이 제시한 가치함수는 인간의 손실 회피 성향을 잘 설명해준다. 가치함수를 그래프로 그리면 좌우 비대칭의 S자 모양이 나온다. 이익 쪽보다 손실 쪽 그래프의 기울기가 훨씬 더 가파르다. 같은 금액이라면 손실을 느끼는 가치의 크기가 이익으로 인한 가치의 두 배가 넘는 것이다. 사람들은 이익을 좋아하지만 손실을 더 싫어하기 때문에 더 큰 이익을 놓친다고 정리할 수 있다.

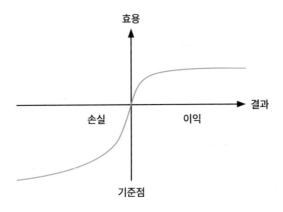

효용

손실   이익   결과

기준점

카너먼은 자신이 규명한 가치함수에 반하는 삶을 살며, 여든 살이 넘은 나이에도 새로운 연구를 부지런히 이어가고 있다. 투자 칼럼니스트인 제이슨 츠바이크Jason Zweig는 "카너먼은 방금 끝낸 것을 그대로 폭파할 수 있는 능력이 있다"라고 말했다. 츠바이크는 "어떻게 앞선 원고를 쓴 적도 없는 사람처럼 다시 시작할 수 있느냐"라고 물었고, 카너먼은 "나에게는 매몰 비용이 없어요"라는 말로 답했다. 그러나 대다수의 사람은 그와 달리 매몰 비용을 지극히 두려워한다. 티켓 값을 이미 지불하고 들어간 영화관에서 영화가 재미없더라도 티켓 값이 아까워 자리를 박차고 나오지 못한다. 운동을 지속할 때 근 성장보다 신경이 쓰이는 것은 다름 아닌 근 손실이다.

이처럼 인간은 상실감을 극도로 두려워한다. 도박을 할 때 등장하는 본전 심리도 손실 회피 성향의 극단적인 예다. 물건을 살

때 체크카드보다 신용카드로 결제하기를 좋아하는 경우가 있다. 현금을 지불한다면 바로 손실로 이어지지만, 신용카드는 지금 당장이 아닌 이용 대금 명세서가 날아온 후에 실제 손실이 이루어진다. 지불 기간이 더 늘어나 손실로 인한 상실감을 늦춰주는 것이다.

손실 회피 성향 때문에 좀처럼 과거의 경험을 버리지 못한다. 경험이 쓸모가 없어지는 것을 견디지 못하고 바뀐 환경에서도 그 경험을 활용하려 하다 보니 여러 가지 부작용이 나타난다. 바로 과거가 현재의 영역을 침범하는 것이다. 자신의 과거에 자부심이 있는 사람일수록 이러한 경향은 두드러진다. 환경이 변하는 것과 무관하게 자신의 과거를 연장시키느라 능력을 온전히 발휘하지 못하고 현재를 태워간다. 그것은 위대하다고 평가받는 이들도 마찬가지다.

토머스 에디슨Thomas Edison은 자신의 과거에 지나친 자부심이 있었고, 과거의 영광에 심취해있었다. 세상 사람들은 그를 시대가 낳은 천재라고 칭찬했고, 에디슨 역시 그것을 굳게 믿고 있었다. 그러다 니콜라 테슬라Nikola Tesla라는 또 다른 천재를 자신의 부하 직원으로 만나게 된다. 테슬라는 상사인 에디슨에게 교류 시스템을 연구하자고 먼저 제안하자 에디슨은 자존심에 큰 상처를 입고 제안을 단칼에 거절했다. 이후 테슬라는 에디슨과 갈등을 빚다 에디슨을 떠나 조지 웨스팅하우스George Westinghouse에게 갔다. 이

후 에디슨은 상용화된 테슬라의 교류 시스템이 감전사를 쉽게 유발하여 위험하다고 거세게 비난했다. 그러나 업계 관계자 입장에서는 적절한 절연 장치와 규제로 줄일 수 있는 위험 수준이었다.

만약 에디슨이 합리적인 사고를 가졌다면 직류를 고집하기보다 새로운 기술인 교류를 받아들이면서 안전성을 개선하는 노력을 했을 것이다. 패배를 인정하고 싶지 않았던 에디슨은 대중에게 테슬라를 비난하기 위해 코끼리를 포함한 온갖 동물을 교류로 감전사시켰다. 그리고 1890년 뉴욕 교도소 당국에 교류 전기 처형을 제안했다. 한때 그는 사형제도를 완전히 폐지하는 데 진심으로 노력하겠다고 말하기도 했다. 사람을 죽이기에는 약했던 교류 전압의 전기의자 때문에 당국은 사형 절차를 다시 한번 반복해야 했다. 이는 현재까지도 미국 역사상 가장 잔인한 사형 집행 중 하나로 꼽힌다.

에디슨은 라이벌에 대한 질투로 그가 수십 년간 쌓아왔던 평판을 완전히 무너뜨렸다. 1915년에는 테슬라와 공동 수상하지 않겠다는 이유로 노벨물리학상 수상을 거부하기도 했다. "당신의 단점을 알고 있으면서도 장점을 보고 곁에 있는 이가 둘이면 거인이 되고, 큰 성공을 이룰 수 있다"라는 아름다운 말을 남긴 그였다. 그렇게 자신이 쌓아 올린 영광에 취해 여생을 질투로 허비하고 말았다.

세상에서 가장 이성적인 캐릭터인 셜록 홈즈Sherlock Holmes를 창조한 아서 코난 도일Arthur Conan Doyle은 우연히 접한 심령술과 영매에 빠져 남의 눈에 뻔히 보이는 반대의 증거를 무시한 채 타인에게 심령술을 전파하는 데 여생을 바쳤다. 그는 유령의 존재를 밝혀내겠다며 약 12억 원을 공개적으로 심령학회 연구비로 기부하기도 했다. 그의 지인은 그가 속기를 작정한 사람 같았다고 평했다. 그렇게 한순간에 조롱거리로 전락했다. 알베르트 아인슈타인Albert Einstein 또한 노년에 자신의 이론에 반대되는 양자이론에 눈과 귀를 닫아버리고 이 이론을 맹비난했다. 그리고 뒤늦게야 자신의 편협함을 반성하며, 친구인 양자물리학자 루이 드 브로이Louis de Broglie에게 "나는 사악한 양자를 보지 않으려고 상대성이라는 모래에 머리를 처박은 타조 꼴이었겠지"라며 자기를 비웃었다.

반면 과거의 영광에 취해있는 것이 아니라 문지방에 서서 아쉬운 듯 과거를 들여다보며 후회로 현재를 태우는 사람도 있다. 후회는 더 나은 선택을 할 수 있었음에도 그러지 못해 이 시간을 아까워한다. 더 나은 삶을 살고자 하는 욕심이 있지만 그 기준에 도달하지 못해 과거를 곱씹으며 후회하는 것이다. 그러나 현재의 후회는 나태로 이어져 또 다른 후회를 낳을 뿐이다. 과거에 행한 모든 행동의 결과는 단 1퍼센트도 바꿀 수 없다. 과거가 후회스러울수록 과거의 깨달음만 남기고 나머지는 현재에서 삭제해야 한다. 나폴레옹 힐Napoleon Hill의 말처럼 "성공은 과거의 모든 불쾌한 경험과 작별하는 것"에서 시작된다.

과거에 대한 후회로 현재를 낭비하는 사람이 있는가 하면 미래를 후회할까 봐 시도를 게을리하는 사람도 있다. 그들은 시도에 투자할 노력이 헛수고가 될까 봐 미리 겁먹는다. 치열한 시도에도 불구하고 성과를 내지 못하는 순간도 분명히 있을 것이다. 그러나 우리가 행하는 노력을 미래를 위한 포트폴리오라고 생각해야 한다. 훌륭한 포트폴리오를 만드는 가장 중요한 점은 다양성이다. 비록 상관관계가 없더라도 다양한 것을 포트폴리오 속에 담아야 한다. 다양성을 확보해야 완벽한 포트폴리오를 발굴할 가능성이 커진다. 따라서 형태와 양식을 바꿔 무수한 시도를 해봐야 한다. 또한 각각의 시도들에 최선을 다하고, 지나간 노력에 미련을 두지 않는 태도가 필요하다. 모든 포트폴리오가 성공적일 수 없다는 것을 인지해야 한다. 결국 무수한 시도들 가운데 하나의 시도가 인생의 혁신을 유도하는 것이다.

배트를 잡은 타자는 그저 공과 자기 팔의 감각에만 집중한 채 매번 새로운 마음가짐으로 배트를 휘두른다. 과거를 후회하고 미래를 염려하는 것이 아니라 그저 날아오는 공에 집중하고 배트를 휘두를 뿐이다. 계속해서 새로운 마음으로 휘두르다 보면 언젠가는 맞게 된다. 그리고 결국 출루한다. 정도의 차이가 있을 뿐이지 타율이 0퍼센트인 타자는 없다. 후회와 염려로 배트를 휘두르지 않는다면 출루할 수 없다. 결국 중요한 건 많이 휘두르고 계속 휘두르는 것이다.

빈센트 반 고흐Vincent van Gogh는 미술 실력을 인정받지 못했다. 열 살 아이들이랑 같이 데생하는 반에 들어가라는 충고를 들을 정도였다. 그러나 그는 그리기를 포기하지 않았다. 캔버스에 물감 튜브를 잔뜩 짜놓고 그림 위에 덧바르는 과정을 반복하면서 그만의 인상주의를 완성했다. 그는 죽기 직전 3년 동안 세상이 기억할 그림을 모두 내놓았다. 만약 그가 그림을 포기했다면 가족들만 기억하는 그저 그런 네덜란드 화가로 남았을 것이다.

'배달의 민족'의 김봉진 의장은 다양하고 지속적인 시도로 인생의 혁신을 이룬 인물이다. 그는 다니던 직장을 그만두고 뒤늦게 서울예술대학교에서 실내디자인을 전공했다. 전공을 살려 프로방스 가구점을 차렸으나 크게 실패하고 빚더미와 생활고에 시달렸다. 그런데도 과거의 후회 속에 머물지 않고 현재에 할 수 있는 것에 집중한 끝에 지금의 '배달의 민족'을 만들었다. 만약 실의에 빠져 도전을 멈췄다면 우리는 현재까지 음식점 전단을 뒤적거리고 있을지도 모른다.

세계 경제를 호령하는 성공한 유대인들은 내가 잘되면 그것은 신의 도움이 있었기 때문이고, 내가 실패하면 그것 또한 더 나은 미래를 위한 신의 거대한 계획 중 일부라고 여겼다. 자만심이나 패배감에 매몰되지 않고 평정 속에서 자신의 과업을 꾸준히 수행했다. 이 담백함이 운과 마주할 가능성을 끌어올린 것이다.

성공에서 운이라는 요소는 절대 간과할 수 없다. 꾸준한 시도로 운과 만나는 접점을 최대한 넓혀야 성공이라는 결과를 낳을 수 있다. 시대의 흐름에 맞게 도파민을 동반자 삼아 다양한 형태로 끊임없이 시도해야 한다. 그것이 성공으로 가는 가장 효과적인 지름길이다. 실리콘밸리의 구루들은 작은 것이라도 고민하는데 시간을 쏟지 말고 먼저 시도하는 것이 중요하다고 강조한다. 현재 실리콘밸리를 지배하는 경영 트렌드는 많은 것을 시도해보고 그중에 될 만한 것을 살리는 방향으로 발전하고 있다.

최고의 가수 반열에 오른 저스틴 팀버레이크Justin Timberlake는 남성 그룹 '엔싱크N Sync'로 데뷔한 이후 계속 곡 작업을 했지만 자기가 쓴 곡에 대한 자신감이 없었다. 그러다 프로듀서인 맥스 마틴Max Martin을 만나게 된다. 마틴에게 작사와 작곡을 계속하는 게 핵심이라는 것을 배웠다고 한다. 결과가 잘못되는 것을 두려워하지 않고 곡 작업을 계속하는 것이 마틴 프로듀서가 갖고 있는 유일한 녹음실 규정이었다. 명곡이 탄생하기 위해서는 결국 많은 노래를 만들어야 한다는 간단명료한 진리를 깨우친 것이다.

작가 앤 모로 린드버그Anne Morrow Lindbergh는 "인생을 낭비하지 않고서는 인생을 발견할 수 없다"라고 했다. 뇌는 낭비를 지독히도 아까워하도록 설계됐다. 그런데도 진정으로 인생의 혁신을 바란다면 본능을 이기고 끊임없이 전진해야 한다. 삶이 이어지는한 희망은 어디에나 존재한다. 중요한 것은 외부에 존재하는 운을 쫓는 것이 아니라 운을 대하는 삶의 태도다. 과거를 후회하지 않고 미래를 염려하지 않고 오롯이 현재에 충실하면, 결국 성공의 궤도에 진입할 수 있을 것이다.

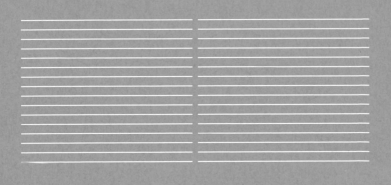

잘 보낸 하루가 행복한 잠을 가져오듯
잘 쓰인 인생은 행복한 죽음을 가져온다.

- 레오나르도 다빈치(Leonardo da Vinci)

Chapter 2.

인생을 변화시키는 '각성'

각성의 연료가 되는
열등감

각성, 그것은 자신의 생을 쏟아부어도 아깝지 않을 영역을 찾는 것이다. 또한 자신이 가장 치열할 수 있고 가장 끈기 있게 일할 수 있는 영역을 찾는 것이다. 각성은 유년 시절의 강렬한 기억으로 빠르게 찾아오는 경우도 있지만 나처럼 성년이 돼 늦은 나이에 찾아오는 경우도 있다.

행동경제학의 거장 다니엘 카너먼Daniel Kahneman은 제2차 세계 대전 당시 프랑스 파리에서 살고 있던 유대인이었다. 어린 시절 그는 유대인을 상징하는 '다윗의 별' 베지를 티셔츠 안에 숨기고 살고 있었다. 그러다 독일 군인과 맞닥뜨렸고 죽을 수도 있다고 생각했다. 그러나 오히려 군인은 자기 아들 사진을 보여주더니 용 돈을 주고 카너먼을 보내주었다. 그 티셔츠 속 다윗의 별을 발견 하지 못한 것이다. 그 후 카너먼 인간의 심리에 관해 관심을 가지게 됐고 중고교 시절부터 심리학에 몰두해 학자의 길을 택했다.

눈이 안 보이는 스티브 모리스Steve Morris라는 아이가 있었다. 그 아이에게 모든 세상은 암흑이었다. 어느 날 학교 실험실에서 실험용 쥐가 도망가서 아수라장이 됐다. 그때 선생님은 스티브에게 "자, 다들 조용히 하고 스티브한테 도와달라고 하자. 스티브는 소리에 예민하니까 쥐의 소리를 잘 들을 수 있지?"라며 도움을 청했다. 선생님의 말에 스티브는 남들과 다른 자신만의 능력을 깨달았다. 스티브는 자기의 청각이 남들보다 예민하다는 장점을 인식하고 평생 음악의 길을 걷기로 다짐했다. 눈이 안 보이고 청각이 예민한 그 아이는 훗날 우리가 모두 알고 있는 곡인 'Isn't she lovely'를 만든 음악의 거목 스티비 원더Stevie Wonder가 됐다.

이들은 유년 시절 일찍이 자신이 가야 할 길을 택했고, 그것에만 매진하여 거장의 반열에 오르게 됐다. 이른 나이에 자신의 인생을 관통할 중대한 사건과 마주했다는 것은 그야말로 축복이었다. 다른 이들은 늦은 나이에 생계를 위해 어쩔 수 없이 그 일을 해야 했고, 다른 대안이 없었기에 그 일에 더욱 몰두해 인생의 추월 차선에 진입하기도 한다.

국내 사교육계를 이끌고 사교육 시장에 인터넷 강의를 최초로 도입한 '메가스터디Megastudy' 손주은 대표는 대학교 재학 중 일찍 결혼했고 부양해야 할 가족을 위해 일을 해야 했다. 그는 생활비를 마련하기 위해 부유한 가정의 아이들을 대상으로 그룹과외를

하면서 사교육 시장에 발을 들여놓았다. 그렇게 그는 과외로 시작해 스타강사의 반열에 올랐다. 국내 최대 모델 에이전시 '에스팀Esteem'의 박주연 대표는 실패한 모델이었다. 생계를 위해 그동안의 모델 경험을 살려 런웨이 연출자로 제2의 커리어를 시작해 지금에 이르렀다. 그들에게는 한계 상황에서 별다른 선택지가 없었고 하나 남은 선택지에 생의 모든 것을 붙어넣었다. 어쩔 수 없는 상황이 그들을 각성하게 한 것이다. 그들은 그렇게 자기 일과 하나가 될 수 있었다.

시간의 차원이 아닌 감정의 차원에서 가장 각성으로 이끌기 쉬운 감정이 무엇일까. 그것은 바로 열등감이다. 열등감은 생각하는 이상에 비해 자신이 한없이 초라하게 느껴지는 감정이다. 어떤 사람은 열등감을 느낄 때 사회와 사람과 상황을 부정하면서 이 감정을 해소하지만, 또 어떤 사람은 이를 연료로 삼아 자신의 이상에 도달하기 위해 끊임없이 자신을 태운다. 열등감은 우리의 눈앞에 놓인 허들이다. 이것에 대한 우리의 선택지는 돌아서느냐, 넘어서느냐 두 가지다. 우리는 돌아설 때 퇴보하고, 넘어설 때 한층 더 성장한다. 후자가 바로 건전한 열등감이다.

열등감의 긍정적 효과에 주목한 심리학자 아들러는 유년 시절 열등감에 시달렸다. 하지만 그는 열등감을 자신의 성장을 위한 동력으로 삼았다. 어린 시절 다른 사람들에게 제화공이 되는 게 어떻겠냐는 말을 들을 정도로 학업에 소질이 없었지만 각성 이후 끊임없는 노력으로 우수한 성적을 받았다. 폐렴과 등이 굽는 구루병을 앓았는데 그 질병에 대한 열등감을 극복하기 위해 직접 의사가 되는 길을 택했다. 이처럼 누군가에게 삶은 극복의 연속이고 극복이 곧 그들을 구성하는 본질이 된다. 그들은 그렇게 자신이 가진 삶의 한계를 극복하고 비상한다.

가브리엘 샤넬Gabrielle Chanel은 열두 살에 어머니를 여의고, 아버지가 샤넬과 언니들을 포기하는 바람에 수도원의 고아원에서 자라야 했다. 안정된 가정에서 자라지 못한 그녀는 지독히도 사람의 관심을 원했고, 세상에 자신을 증명하고 싶었다. 금욕적인 수도원 생활에서 소설이 유일한 낙이었다. 코코Coco라는 극장의 무대에서 연기하는 연극배우가 되고 싶었으나 애석하게도 그녀는 재능이 없었다. 연극을 포기한 그녀는 사람들의 관심을 얻으려 남자 옷을 걸치고 사교계에 등장했고, 사람들은 그제야 그녀를 알아보기 시작했다. 이후 이름을 '코코 샤넬Coco Chanel'로 바꾸고 현재의 샤넬 제국을 만들었다. 그녀가 연극배우로서 재능이 있었다면 패션이라는 매개로 자신을 표현할 계기를 찾지 못했을 것이다. 상류층이 되고자 욕망했던 하층민 고아 소녀는 연극으로 자신을 표현할 능력이 없었기에 패션에 집착할 수 있었다. 그렇게 그녀는 상류층 패션계를 송두리째 뒤흔들어놓았다.

에스티 로더Estee Lauder는 뉴욕의 한 미용실에서 근무하며 그곳에서 부자들의 삶을 늘 동경했다. 그러던 어느 날 손님이 입은 블라우스를 칭찬하며 어디서 샀는지를 정중하게 물었다. 손님은 그녀에게 말했다. "알아서 뭐 하게요? 살 형편도 되지 않을 텐데"라고 말했다. 로더는 분노와 굴욕감에 얼굴이 빨개진 채 물러났다. 그날 이후 언젠가 원하는 것을 다 가질 수 있는 부자가 되겠다는 결심을 했고, 예정보다 일찍 사업에 뛰어들어 지금의 화장품 제국을 이끌게 됐다.

19세기 말에 한 인도 남성은 자신이 인도에서 상류 계층이라고 굳게 믿고 있었고, 자신의 야망을 실현할 기회를 호시탐탐 엿보고 있었다. 그는 교육 수준이 높았고, 영어를 잘하고, 포크를 잘 사용했다. 그는 인도의 대표적 엘리트 코스인 이너템플Inner Temple 법과대학에 진학한 뒤 영국으로 유학을 떠났다. 유니버시티칼리지 런던University College London에서 법학을 공부한 뒤 변호사 자격을 취득하여 변호사로 활동했다. 그는 양복과 넥타이 차림으로 당시 영국령이었던 남아프리카의 기차에 올랐다. 그러나 곧 기차에서 처참하게 끌어내려졌다. 자신과 같은 유색인종이 타는 삼등 칸이 아닌 일등 칸에 타겠다고 고집을 피운 결과였다. 충격을 받은 그는 자국과 유색인종인 자신을 다시 생각했다. 그는 마음을 가다듬고 앞으로의 인생을 어떻게 살 것인지 고민했다. 그리고 그는 '투쟁가'가 되기로 결심했다. 그의 이름은 모한다스 카람찬드 간디Mohandas Karamchand Gandhi다. 그는 말한다. "세상의 변화를 바라는가. 그렇다면 당신 자신이 그 변화가 돼라." 과거의 경험, 현재 상황 또는 마음속에 자리 잡은 열등감은 이렇듯 각성의 연료가 될 수 있다. 그리고 그것을 계기로 자신의 인생을 변화시킬 수 있다. 하지만 중요한 것은 생각과 감정이 그것에만 그치지 않도록 계속 움직여야 한다는 것이다. 열등감은 좋은 땔감이지만 결국 불은 스스로 붙여야 한다. 매일 더 나은 삶을 생각하고 그 생각을 현실로 옮겨야 한다. 현재에 집중하면 미래는 바뀌어 당신의 인생이 된다. 생의 마지막 순간에 자신의 인생을 돌아보았을 때 그럭저럭 만족스러웠다고 입꼬리를 올릴 수 있기를 진심으로 기원한다.

죽음 앞에서
당당하려면

미래의 시간을 앞당겨 상상해보자. 우리는 지금 죽음을 앞두고 호스피스 병동에 있다. 새하얀 병실 속 거울을 보니 흰머리에 검버섯이 피고, 피부가 산화돼 주름이 성성한 자신이 있다. 팔목에 날카롭게 꽂힌 링거는 자유를 속박한다. 간호사가 가끔 들러 농담을 건네기도 하지만 결국 내가 주로 하는 일은 선선한 바람에 흔들리는 창밖에 나무를 바라보는 것이다. 그러면서 하염없이 죽음을 기다린다. 나무에는 낙엽이 하나둘씩 떨어지고 있다. 지나온 과거를 되새겨보며 나는 어떤 사람이었나를 생각해본다. 그러다 가족이 생각나서 눈시울을 붉힌다. 그래도 티 없이 맑은 손자의 얼굴을 떠올리며 잠시 입꼬리를 올려본다. 그리고 다시 나의 인생을 천천히 곱씹어본다. 나는 내가 되고 싶었던 나 자신을 충분히 증명했는지, 내가 소망하던 것을 이루기 위해 나 자신을 힘껏 내던졌는지를 생각해본다. 역시 미련이 남는다. 만약 나에게 다시 시간이 주어진다면 그렇게 살지 않을 것이다. 나는 죽음을 앞둔 그 순간에도 후회하고 있다. 다시 현실로 돌아온다. 그리고 반문해본다. '나는 지금 죽음의 순간에 후회하지 않을 만한 인생을 살고 있는가.'

작가 브로니 웨어Bronnie Ware는 한때 호주에서 임종을 앞둔 중환자를 간호하는 일을 했다. 브로니는 간호사로 일하면서 임종을 앞둔 사람들이 가장 후회하는 것을 기록해 책을 냈다. 그녀는 임종을 앞둔 사람들에게 물었다. "인생에서 어떤 것이 가장 후회되나요?" 그들은 하나같이 이렇게 대답했다. "다른 사람이 기대하는 인생이 아니라 나 자신에게 진실한 인생을 살지 못한 것이 가장 후회됩니다." 죽음을 앞둔 이들은 인생을 오롯이 자신의 힘으로써 내려가지 못한 것을 후회한다. 하지만 그러지 않아야 한다. 우리는 죽음의 순간을 후회 없이 입꼬리를 올린 채 담대하게 맞이해야 한다. 한 사람의 인생은 죽음으로 완성되기 때문에 우리는 우리의 죽음을 기억해야 한다.

메멘토 모리Memento Mori는 '자신의 죽음을 기억하라'는 라틴어 구절이다. 인디언 나바호족Navajo에게는 이런 말이 전해진다. "네가 세상에 태어날 때 너는 울었지만 세상은 기뻐했으니, 네가 죽을 때 세상은 울어도 너는 기뻐할 수 있도록 그런 삶을 살아라." 먼 훗날 우리가 숨을 다할 때 가족과 친구들은 슬퍼할 것이고 눈물을 흘릴 것이다. 그러나 자신만큼은 그 죽음 앞에서 당당할 수 있도록 노력해야 한다.

철강 재벌의 아들이자 시대가 낳은 철학자라 불리던 루트비히 비트겐슈타인Ludwig Wittgenstein은 제1차 세계대전 때 오스트리아 육군으로 자원입대하였으나 이탈리아군의 포로가 돼 1년 동안 포로수용소에 감금됐다. 포로로 감금된 그때도 그는 철학의 끈을 놓지 않았고 철학서를 집필했다. 그렇게 완성한 『논리-철학 논고 Tractatus Logico-Philosophicus』는 1921년에 출판돼 전 세계를 열광시켰다. 그는 이른바 논리적 원자론, 즉 이 세상의 모든 철학 언어는 논리적 기호로 표시가 가능해 참/거짓으로 결괏값을 도출할 수 있다고 주장했다. 그의 논리에 따라 철학은 더 이상 모호함의 언어가 아닌 듯 보였다. 비트겐슈타인은 서른세 살의 나이에 이렇게 말했다. "내가 철학을 끝냈다." 이 천재는 삼십 대라는 이른 나이에 인생을 해탈한 노인의 모습으로 고국 사람들에게 자신의 막대한 유산을 나누어주었다. 그리고 시골 고등학교 교사, 수도원의 정원사로 지내며 시간을 보냈다. 그러다 문득 이런 생각이 들었다. '혹시 내가 틀린 게 아닐까?' 그 생각이 확신으로 바뀔 무렵인 8년 뒤 그는 케임브리지Cambridge대학교 교정으로 홀연히 복귀했다. 그리고 자신의 전기 철학을 정면 비판한다. 따라서 그의 철학은 전기와 후기로 나뉜다.

비트겐슈타인은 후기 철학에서 이렇게 주장했다. "결괏값은 허

구이고 오직 맥락만 존재할 뿐이다." 이후 20년을 더 산 그는 세상을 떠날 때까지 자신의 오류를 지속해서 수정해나갔다. 그리고 임종 직전 사람들에게 이렇게 말했다. "사람들에게 나는 멋지게 한세상 살았노라고 전해주시오." 1951년 그는 죽음 앞에서 담대했다. 자신의 인생을 온전히 자신의 철학에 내던진 것이다.

사실 죽음은 나에게 그리 멀지 않게 느껴진다. 2019년 여름날 찌는 듯한 무더위에 원룸텔 안에서 자작자작 타오르던 번개탄의 소음이 아직도 귓등에 선연하다. 번개탄을 사기 전 계산대 앞 매장 직원의 찜찜한 눈초리도 아직 기억에 날카롭고 선명하다. 나는 사업 실패로 큰 빚을 지고 스스로 생을 마감하려던 그 순간에도 그다지 우울하지 않았다. 이 정도면 나도 할 만큼 했다는 생각이 들었다. 그보다 서글픈 건 잘못된 시도를 나의 노모가 알게 됐다는 사실이다. 충격을 받은 노모는 몇 날 며칠을 물 한 잔, 밥 한 술 먹지 못하고 뜬눈으로 밤을 지새웠다. 그 광경을 본 외할머니는 내 딸을 죽이지 말라며 나를 책망했다. 한때 내가 가장 인정받고 싶었던 두 사람이었다.

지금은 연락이 끊어진 나의 아버지와 조부는 도파민 활성이 높은 사람이었다. 외도를 일삼았고, 번번이 실패했지만 늘 한 방을 노렸다. 아버지는 자일리톨 한 통의 반을 단숨에 입에 털어 넣는 사람이었고, 단것을 끊지 못해 오랫동안 당뇨를 앓았다. 내가 군대에 갔을 때 조부는 세상을 떠났다. 장례식장에서 노모는 그토록 원망하던 시부가 싸늘한 시신으로 초라하게 누워있는 것을 보고 눈물을 흘리며 나에게 열심히 살아야 한다고 당부했다. 그때는 그 말의 무게가 얼마인지, 무엇을 열심히 해야 하는지 몰랐다. 그들의 피를 물려받아 도파민 활성이 높은 나였지만 배출 통로를 몰라 단기적 쾌락에 급급해하고, 채워지지 않는 갈증에 울분을 토하며 살았다.

나는 2019년의 그날 이후 홀로 독방에 갇혀 하루하루 시간을 태워갔다. 다시 죽을 용기는 없었기에 살아야만 했다. 동네 도서관에 들어가 무작정 집히는 대로 책을 읽었다. 나치 포로수용소 안에서 재소자들의 심리를 분석하며 심리철학을 완성한 빅터 프랭클Viktor Frankl에게서 삶의 의지를 배웠고, 프리드리히 니체 Friedrich Wilhelm Nietzsche의 글을 읽으며 주인공으로 사는 인생을 생각했다. 그러다 "회오리바람은 내내 불지 않고, 소나기도 계속 내리지 않는다"라는 『도덕경道德經』의 구절이 유독 심장에 크게 부딪혀 앉았다. 소나기가 그칠 때를 대비해 무언가를 해야 했다. 지금 상황에서 할 수 있는 것이라고는 아무리 생각해봐도 글을 쓰는 것밖에 없었다. 그때까지만 해도 여태껏 살면서 내가 책을 쓰는 작가가 되리라는 생각을 한번도 해본 적이 없었다. 그럼에도 불구하고 하루 4시간을 자면서 20시간을 꼬박 글에 매달렸다. 그제야 나의 도파민은 제 갈 길을 찾았고, 높은 도파민 활성은 창의력으로 치환돼 6개월 동안 100만 자 이상의 글을 썼다. 나는 내 생각과 상념에 집착했다. 지금 독자들이 읽고 있는 이 책은 내가 그때 처음으로 써 내려간 글이다.

얄궂게도 이후 나는 몇 권의 책과 강연으로 나를 죽음으로 이끌었던 빚을 모조리 청산했다. 그리고 조부가 지어준 이름을 바꿨다. 김 단의 단은 아침 단旦으로, 매일 아침 떠오르는 해처럼 자신을 스스로 밝히는 인생을 살겠다는 나의 의지다. 나는 요즘 목숨을 걸겠다는 말을 자주 한다. 가치 있는 일에 나의 전부를 내던질 수 있는 의지가 생겼고, 그 과정이 주는 행복의 맛을 알게 됐다. 누군가 지금의 나에게 강한 사람이냐고 물어본다면 나는 한 치의 부끄러움 없이 정돈된 음성으로 '그렇다'라고 답할 수 있다. 나는 추월했고 또 추월하는 중이다. 내 삶을 통해 이 책의 내용을 증명해나갈 것이다. 랄프 왈도 에머슨Ralph Waldo Emerson은 말했다. "세상을 조금이라도 더 낫게 만들고 떠나는 것, 당신이 살았음으로 인해 단 한 사람의 인생이라도 더 행복해지는 것, 그것이 진정한 성공이다." 비록 나는 불우하지만, 가능성이 있는 두 명의 어린 친구들의 인생을 바꾸어 내 몫의 인생을 다음 세대로 물려주고 미련 없이 세상을 등질 것이다. 여러분도 그 순간 담대해지기를 진심으로 바란다.

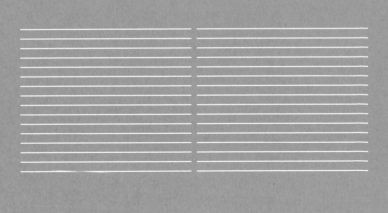

겨울에 얼음이 단단하지 못하면
봄여름에 초목이 무성하지 못하다.

- 한비자(韓非子)

Chapter 3.

'위기'의 놀라운 힘

혁신의
서막을 열다

위기는 삶의 감각을 일깨운다. 모든 역사는 위기를 거름삼아 발전했다. 인간의 동기 가운데 회피 동기는 가장 강력한 힘을 가지고 있다. 그러나 역설적으로 상황을 모면하고자 하는 힘은 상황이 풍족할 때는 발현되지 않는다. 인간의 가장 강력한 힘은 몸을 숨기고 있다가 위기가 닥쳤을 때 폭발적으로 뿜어져 나온다. 그리고 이 힘을 통해 역사를, 사회를, 자신의 인생을 탁월하게 변화시킨다.

'소프트뱅크 그룹Soft Bank Group'의 손정의 회장은 인생에서 가능성이 가장 충만한 서른 살의 나이에 만성간염으로 5년 시한부 판정을 받고 홀로 병상에 갇히게 됐다. 3년의 세월 동안 그는 낙담하지 않았고 4천 권의 책을 읽으며 자기의 생각을 정립했다. 그 과정에서 '제곱병법'이라는 자신만의 경영철학을 완성한 뒤 건강을 되찾고 경영에 복귀했다. 그 후 얼마 걸리지 않아 테크업계의 거물이 됐다. 건강을 상실한 것이 오히려 그에게는 전환점이 된 것이다. 주변인에게 묻혀 생을 소비했다면 그는 자신의 거대한 사상을 차근차근 정리해나가지 못했을 것이다.

1985년 스티브 잡스는 적자가 누적됐다는 이유로 자신이 만든 회사에서 쫓겨났다. 그는 이 해고의 순간이 인생에서 제일가는 가르침이었다고 회고했다. 스티브 잡스는 고립의 시기 동안 직원을 포용하는 법과 단순함의 미학을 깨우쳤다. 그렇게 1997년 회사로 복귀해 개발 중이던 350가지의 제품을 폐기하는 구조조정을 단행하고, 이어서 아이맥^{iMac}, 아이팟^{iPod}, 아이튠즈^{iTunes}를 만들어냈다. 스티브 잡스가 회사에서 쫓겨나지 않았다면 지금의 애플은 아마 없었을 것이다.

혁신을 한다는 것은 평균의 범주에서 벗어난다는 것을 뜻한다. 그러나 나와 마주하는 대다수 주변인은 나에게 평균을 주입한다. 그들이 평균의 인생을 살고 있기 때문이다. 그러나 위기로 인해 그들에게서 벗어나는 순간 생각 굴레는 자연스럽게 커지게 된다. 고립은 혁신으로 가기 위한 지름길이다. 사람은 누구나 자신에 대해 이야기하기를 좋아한다. 이야기 주제의 대부분은 자신의 인생을 정당화하고 합리화하는 내용이다. 우리가 가진 사회성은 그 이야기를 듣게 만든다. 그들이 가진 평균의 인생이 나의 무의식에 주입되어 평균의 인생은 평균의 인생을 불러들인다. 혁신을 꿈꾼다면 혁신가를 가까이 두거나 자발적으로 고립을 청해야 한다. 그러나 위기는 이 두 가지 요소를 동시에 제공한다. 위기가 닥치면 자연히 사람과의 만남이 줄어들고 생각은 깊어진다. 그리고 인간이 가진 가장 강력한 힘인 회피 동기는 그 생각과 위기를 극복하는 방법으로 몰고 간다. 위기가 클수록 극복하기 어렵기 때문에 혁신을 이루어야 하는 것이다. 도전이 내몰렸으나 생의 의지로 충만한 이들은 결국 혁신을 이뤄낸다. 그래서 위기는 혁신의 서막이다.

1839년 루이 다게르Louis Daguerre가 사진기를 발명했을 때 많은 화가가 미술의 종말이 올 것을 걱정했다. 사실을 정확하게 묘사하는 그림이 가진 힘이 사라질 것이라며 붓을 꺾었다. 그러나 소수의 혁신가는 미술이 가진 힘과 목적을 다시 생각했다. 그들은 사진기가 흉내 낼 수 없는 미술의 또 다른 힘을 보여주려 했고, 찰나의 순간에 작가가 느낀 인상을 그림에 담아내고자 노력했다. 인상주의는 그렇게 꽃을 피웠다. 클로드 모네Claude Monet, 폴 세잔 Paul Cezanne, 피에르오귀스트 르누아르Pierre Auguste Renoir, 카미유 피사로Camille Pissarro 등은 아직도 역사가 기억하고 있다.

나무로 만든 장난감 회사를 운영 중이던 올레 크리스티 얀센 Ole Kirk Christiansen은 1942년 공장의 화재로 가진 모든 것을 잃고 말았다. 그러나 그는 재기하기 위해 생의 마지막 도전을 시도했다. 플라스틱으로 조립형 장난감을 만들기로 결심한 것이다. 그리고 그의 회사는 오늘날의 '레고Lego'가 됐다. 공장에 화재가 나지 않았다면 오늘날의 레고는 없었을 것이다.

1989년 4월 15일 영국 셰필드Sheffield에 있는 힐즈버러 스타디움Hillsborough Stadium에서 리버풀 FCLiverpool Football Club와 노팅엄 포리스트Nottingham Forest FC 간의 FA컵Football Association Cup 준결승전이 열렸다. 당시 라이벌이었던 리버풀 FC의 팬들은 이 경기를 관람하기 위해 2만 5천여 명이 찾아왔는데, 힐즈버러 스타디움은 이들을 수용하기에 턱없이 작았다. 그 결과 킥오프(경기의 시작 또는 재개를 알리는 첫 번째 킥) 이후 97명이 압사하는 대참사가 벌어졌다. 영국인은 이를 '힐즈버러 대참사'라 부른다. 참사가 벌어진 지 4개월 만에 영국 정부는 사고의 원인을 규명하고 대책을 정리한 「테일러 리포트」를 발간했다. 이 보고서는 당시 사건을 규명한 법조인 피터 테일러Peter Taylor의 이름을 붙인 것이다. 사고가 난 직후에는 훌리건의 폭동이라는 소문이 돌았지만, 테일러 리포트는 경찰의 입장 통제 실패를 주요 원인으로 밝혀냈고, 입석 관람 폐지와 지정좌석제 도입의 필요성을 제기했다.

보고서는 실천으로 이어졌다. 이 엄격한 실천안은 영국 클럽팀에게 위기로 다가왔다. 당시 잉글랜드 클럽팀의 수익 대부분은 관중 수익이었기 때문이다. 당시까지만 해도 프로 경기의 광고 수입은 상당히 제한적이었다. 그래서 심각한 자금난을 겪던 클럽팀은 중계권료에 눈을 돌리기 시작했다. 당시 중계권 수수료는 리그 연맹과 담합하여 방송사 ITV와 BBC가 거의 독점하던 상황이었다. 그들은 파산의 위기에서 자금난을 타파하기 위해 중계권료를 자신들이 가져와야 했다. 같은 상황에 처한 맨체스터 유나이티드Manchester United FC, 아스날Arsenal FC, 에버튼Everton FC, 토트넘Tottenham FC가 모였고, 1992년에 새로운 리그를 창설했다. 그것은 세계 최대의 축구 대회 '프리미어 리그England Premier League, EPL'의 출발이었다. 이처럼 자금난은 인간의 개인사에서 마주할 확률이 가장 높은 리스크다. 메타 사고력을 갖춘 소수는 리스크를 연료 삼아 끝내 혁신을 이룬다. 수많은 사업가는 빚더미 속에서 그들의 사업을 이룩해낸다. 빚은 혁신의 가장 친한 친구인 것이다.

선조들은 사냥감 부족 문제를 해결하기 위해 농업을 발전시켰고, 추위로부터 자신을 지키기 위해 의복을 개선시켰다. 기억력의 한계를 극복하기 위해 문자를 발명했고, 홍수의 위협으로부터 농작물을 지켜내기 위해 관개시설을 개발했다. 역사학자 아놀드 조셉 토인비Arnold Joseph Toynbee는 인간의 유구한 역사는 외부의 도전과 그에 대한 응전으로 발전했다고 말했다. 응전은 도전을 수락하는 것, 상대의 공격에 굴하지 않고 맞서 싸우는 자세를 뜻한다. 인생에 위기가 찾아온다면 이를 반기고 힘껏 맞서 싸워야 한다. 위기에 삼켜지지 않고 끝내 이기는 자는 결국 인생의 혁신을 이루게 된다.

위기가 크면 클수록 혁신의 범위는 더욱 넓어진다. 물리학 용어로 '응력'은 물질 외부에서 힘이 가해졌을 때 물질 내부에서 이에 대항해 외부 힘과 반대로 작용하는 힘을 말한다. 응력은 외부 힘이 강할수록 이에 비례하여 더욱 커진다. 큰 위기에 삼켜지지 않기 위해서는 이에 비례한 단단한 심지와 창의력이 필요하다. 혁신가들은 길이 없어 보이는 상황에서 자신이 갈 길을 기어이 만들어낸다. "나는 길을 찾으리라. 아니면 길을 만들리라." 카르타고Carthago 영웅 한니발Hannibal이 로마를 공격하며 한 말이다. 길이 없는 상황에서 주저하는 것이 아니라 길을 만들면 된다. 그리고 그 길을 따라 걷는 수많은 사람들은 오래도록 길을 만든 사람을 기억할 것이다.

진화학자 조너선 와이너Jonathan Weiner의 『핀치의 부리The Beak of the Finch』는 호박 안에 보존된 채 발견된 곤충에 관해 이야기하고 있다. 수백만 년 된 곤충은 지금 살고 있는 종과 딱 한 가지가 다르다. 호박 안에 갇힌 곤충은 다리를 떼어버렸을 때 새 다리를 생성하는 능력이 없던 것이다. 곤충들은 농약이 발명된 다음에야 농약으로 뒤덮인 식물을 건드린 후 다리를 떼어버리고 새 다리를 생성하는 능력이 생겼다. 정확히 말하자면 살충제 사용이 시작된 제2차 세계대전 직후부터 이 능력이 생기기 시작했다. 한낱 미물인 곤충조차 살아갈 길을 스스로 만들어낸 것이다.

근대의 성장은 유형 자산의 최적화·효율화를 통해 이루어졌으나 한계비용이 거의 없어진 현대사회에서는 아이디어가 곧 경쟁력이다. 단단하고 혁신적인 생각이 내면에 자리 잡는다면 우리는 이를 통해 자기 삶을 변화시킬 수 있다. 손 닿는 모든 곳에 필요한 것이 있는 환경에서는 애써 손을 뻗을 필요가 없다. 다시 말해 메타 사고를 할 이유가 없다. 그저 주변인과의 관계와 사소한 지위에 몰두한 채 하루하루를 위로하며 살아가는 것이다. 움츠린 채로 만족하며 살면 자신이 가진 잠재력을 최대한 발현시킨 최선의 자아와 결코 마주할 수 없다. 필요한 것이 눈에 보이지 않는 환경에서 우리는 손을 뻗고 움직이게 된다. 상황을 잘 처리하기 위한 사고를 지속하고, 행동과 사고에 영혼을 불어넣는다. 그래서 결핍은 성장을 위한 가장 핵심적인 원료인 것이다.

미국의 작가 제임스 브랜치 캐벌James Branch Cabell은 낙관주의자는 무엇이든 할 수 있는 세상에서 살고 있다고 믿지만, 비관주의자는 그 주장이 사실일까 봐 두려워하며 살아간다고 했다. 대다수의 사람은 비관주의자로 살아가며 타인의 성과를 폄하하고 운 덕분이라고 간단하게 정리하며 권태로운 일상을 살아간다. 심리학 용어로 '자기 불구화 현상Self-Handicapping'이라는 단어가 있다. 시도로 인해 자신의 자존심이 다칠 것을 걱정해 자기 자신을 불구로 만들어버리는 것이다. 그들은 그저 가능성이 있는 상태로 조용하고 편안하게 있기를 원한다. 그들의 눈에는 상황 속 한계들은 그저 핑계와 합리화를 위한 도구일 뿐이다. 한계를 극복하기 위해 사고를 확장시키지 않는다. 우리는 자신이 원하는 최선의 자아가 되기 위해 수많은 리스크를 우리의 삶 속으로 끌어들여야 한다. 또한 한계와 결핍을 끌어안고 혁신을 위한 연료로 태워야 한다. 그래야 나 자신을 발산할 수 있고 나와 주변인의 인생을 환하게 밝힐 수 있다.

단 하나의
선택지

『해리포터』의 작가 J.K. 롤링은 한 강연장에서 이렇게 말했다. "실패는 중요하지 않은 것들을 다 제거해줍니다. 그래서 저는 제가 아닌 무언가를 흉내 냈던 것을 멈추고, 저에게 의미 있는 일을 끝내는 것에만 모든 에너지를 집중했습니다. 만약 제가 다른 어떤 것에 성공했다면 그 결심을 하지 못했을 수도 있습니다." 그녀는 맥도널드를 전전하면서 하루 종일 글을 썼다. 실직을 하고 할 수 있는 일이라곤 글을 쓰는 것 말고는 없었기 때문이다. 아이를 부양하기 위해 소설을 기필코 완성해야 했고 빠른 시간 집중해서 원고를 완성해냈다. 실패를 겪지 않은 자가 택할 수 있는 선택지는 수없이 많다. 이들 대다수는 무궁무진한 선택지를 앞에 두고 오히려 판단 장애를 겪으며 평범해지는 쪽을 택한다. 다들 그렇게 하고 있기 때문에 그것이 합리적인 선택이라고 믿는다. 그러나 위기를 겪은 누군가에게 선택지는 많지 않다. 소수의 대안 속에서 단 하나의 선택지를 고르고 그것에 자신이 가진 모든 것을 쏟아붓는다. 대안이 없기 때문에 스스로가 그 대안이 되어 스스로를 위기에서 구원해낸다.

간절한 누군가가 다재다능한 누군가를 추월하는 사례는 셀 수 없이 많다. 선택지가 무수히 많은 상황에서 평범한 사람들은 또렷한 마음을 가지기 쉽지 않다. 선택지 속에서 방황하느라 정신적 에너지를 많이 소모한 뒤 높은 확률로 누군가가 걷는 길을 따라 걷는 쪽을 택한다. 그러나 바다에 빠진 사람에게 잡을 수 있는 것이라고는 내려온 밧줄뿐이다. 그는 그 밧줄을 자신의 온 힘을 다해 부여잡는다. 밀집된 힘은 그를 바다에서 건져낸다. 일하면서 사는 자는 결코 살기 위해 일하는 자를 이길 수 없다.

『어린 왕자Le Petit Prince』에는 이런 구절이 있다. "사막이 아름다운 건 어딘가 샘을 갖추고 있기 때문이다." 너른 들판을 걸을 때 청명한 가을 하늘과 지저귀는 새들을 관찰하느라 느릿느릿 걷게 된다. 메마른 사막을 걸을 때는 타는 목에 오로지 샘을 발견하는 것 하나만 생각하게 된다.

윤여정 배우는 74세의 나이로 한국 배우 최초로 아카데미 여우조연상을 탔다. 기자가 그녀에게 수상 비결을 묻자 이렇게 답했다. "연기를 즐기고 좋아도 해야 하지만 나는 절실해서 했다. 먹고 살려고 했다. 그래서 나에게는 대본이 성경 같았다." 그녀는 살기 위해 또 구원받기 위해 연기라는 동아줄을 꽉 움켜잡았고 그 힘은 그녀를 최고의 자리로 이끌었다.

수학자 레온하르트 오일러Leonhard Euler는 자신의 오른쪽 시력을 잃고 나서 이렇게 말했다. "이제 정신이 흐트러지는 일이 좀 줄겠지." 카를 프리드리히 가우스Carl Friedrich Gauss, 아르키메데스Archimedes, 아이작 뉴턴Isaac Newton과 함께 수학 역사상 최고의 천재로 추앙되는 그는 역대 수학자 가운데 가장 부지런한 학자로 꼽힌다. 하루에 20시간 이상 연구에 매진했고 28세의 나이에 오른쪽 시력을 잃고 나서 자기 말대로 더 많은 논문을 써냈다. 그러다 60세 이후에는 왼쪽 시력도 잃고 말았다. 그때 그는 "이제 양쪽 시력이 똑같아 덜 헷갈리겠다"라고 말하고 필요한 계산을 암산으로 처리하며 세상을 떠날 때까지 연구를 지속했다. 그는 인생 전부를 수학을 위해 바쳤다.

위대한 생물학자 에드워드 윌슨Edward Wilson도 유년 시절에 오른쪽 시력을 잃었다. 낚시를 하다가 도미를 들어 올렸는데 도미 등지느러미의 가시 하나가 그의 오른쪽 눈을 깊숙이 찌른 것이다. 대수롭지 않게 여긴 그는 고통을 참으며 계속 낚시를 했다. 그는 어떤 치료도 받지 않고 눈을 방치하다가 시력을 완전히 잃어버렸다. 한쪽 시력을 잃어버린 그는 생물학자가 되기로 마음먹은 후 한 눈으로 관찰하기 힘든 새 같은 생물은 애초에 배제하였다. 그는 손가락으로 집어서 왼쪽 눈으로 볼 수 있는 개미의 세계에

깊숙이 빠져들었다. 그는 개미를 통해 사회를 발견했다. 평생에 걸쳐 개미를 연구했고 개미를 통해 사회 생물학이라는 분과를 창시하여 학계에 커다란 발자취를 남겼다. 그가 오른쪽 시력을 잃지 않았다면 평생에 걸쳐 개미를 탐구할 유인을 찾지 못했을 것이다.

사업의 세계에서도 이 원리는 동일하게 적용된다. 타바스코 Tabasco는 멕시코 남동부의 지명이자 그곳에서 재배되는 고추의 이름이었다. 1860년대 은행가 에드먼드 매킬러니Edmund Mcllhenny는 남북전쟁으로 전 재산을 잃고, 남은 것이라곤 창고의 타바스코 고추뿐이었다. 마지막으로 맛있는 거라도 먹어보자는 심정으로 이 고추로 소스를 만들었다. 너무 맛있다고 느껴져 그는 마지막 승부를 걸었고 그것이 이제는 고유명사가 된 '타바스코 소스'가 됐다.

필 나이트Phil Knight는 일본 오니츠카 타이거Onitsuka Tiger의 운동화를 수입하여 미국의 서부지역에 판매하는 무역업자였다. 오니츠카는 약속한 물품의 공급 기일을 제때 맞추지 못했고, 심지어는 회사를 자신들에게 매각하지 않을 시 계약을 일방적으로 파기하겠다고 엄포를 놓았다. 더 이상 휘둘릴 수 없었던 나이트는 자신만의 브랜드를 만들기로 결심했다. 1972년 그는 직원들을 모아놓고 이렇게 말했다.

"이제 우리가 기다리고 기다리던 때가 왔습니다. 우리는 더 이상 다른 기업의 브랜드를 판매하지 않을 것입니다. 더 이상 다른 기업을 위해 일하지 않을 것입니다. 오니츠카는 지난 수년 동안 우리의 발목을 계속 잡았습니다. 그들은 납품일을 제대로 맞추지 못했고, 주문과는 다른 제품을 보냈고, 우리가 제안한 디자인을 제대로 반영하지 않았습니다. 매번 그런 식으로 일을 처리하는 오니츠카 때문에 우리 중 어려움을 겪어보지 않은 사람은 아무도 없을 것입니다. 이제 우리는 상황을 직시해야 합니다. 우리는 우리만의 방식, 아이디어, 브랜드를 가져야 성공할 수 있습니다. 나는 오늘 일을 위기가 아니라 해방으로 생각합니다. 오늘은 우리가 독립하는 날로 생각합시다."

그는 위기를 해방으로 생각했고 이를 행동으로 옮겼다. 나이키 Nike 제국은 그렇게 탄생했다. 만약 오니츠카 타이거와의 스폰서십이 견고했다면 기업가치 300조 원에 달하는 지금의 나이키는 탄생하지 못했을 것이다.

과거의 실패를 삶의 여정에서 오답지를 하나 줄였다고 생각하는 사람에게는 암울한 과거조차 지렛대가 된다. 그렇게 털어버리면 실패를 통해 낭비된 노력조차 아깝지 않다. 과거를 바라보는 프레임이 '이렇게 해야 했는데 아쉽다'가 아닌 '이렇게 해서 잘 안 됐으니 다음에는 이렇게 해야겠다'가 돼야 한다. 로마 역사상 가장 위대한 군주라 불리던 현제 마르쿠스 아우렐리우스Marcus Aurelius Antoninus는 자신에게 가해지는 상처를 느끼는 것을 거부하면 상처 자체가 사라진다고 말했다. 과거의 실패는 나에게 가해지는 상처가 아니라 더욱 집중해야 할 지점을 알려주는 귀중한 지도다.

앞으로 나아가려는 의지가 있는 사람에게는 실패조차도 하나의 콘텐츠가 된다. 라이언 홀리데이Ryan Holiday는 H&M 최연소 이사의 자리에 올랐으나 자만심으로 철저히 몰락했던 경험을 스토아철학과 연계하여 『에고라는 적Ego Is the Enemy』이라는 책을 펴내 베스트셀러 작가가 됐다. 데이브 아스프리Dave Asprey는 비만, 심각한 염증성 질환을 겪고, 건강을 잃은 경험을 토대로 건강한 식사가 무엇인지에 관해 재정의하였다. 저탄수화물 고지방 식단인 키토제닉(지방 섭취를 늘리고 탄수화물·단백질 섭취를 줄이는 식이요법) 열풍을 일으킨 책 『최강의 식사The Bulletproof Diet』를 펴냈다. 또 그가 만든 방탄커피는 전 세계적으로 유명한 상품이 됐다. <더 울프 오브 월스트리트The Wolf of Wall Street>의 실존 인물인 조던 벨포트Jordan Belfort는 고객에게 금융사기를 저질러 감옥에 수용됐으나, 자신의 실패 경험을 콘텐츠로 삼아 한 해에 수십억 원을 벌어들이는 동기부여 전문가로 재기에 성공했다. 그들이 재기에 성공할 수 있었던 이유는 실패 이후에도 포기하지 않고 움직임을 멈추지 않았기 때문이다.

빅터 프랭클은 나치 포로수용소에서 자신의 심리철학을 완성했고, 프랜시스 스콧키Francis Scott Key는 미영 전쟁에서 포로로 잡한 배 위에서 미국 국가를 써 내려갔다. 이들은 극한의 상황에서도 희망의 끈을 놓지 않았다. 움켜쥔 희망의 끈 덕분에 그들은 역사가 될 수 있었다. 어떤 상황이라도 몸을 움직일 수 있다면 희망은 존재한다. 몸을 움직일 수 있는 자에게 세상은 선택지를 빼앗아 가지 않는다. 행동할 수 있다면 스스로 구원해낼 수 있다. 거센 움직임을 세상은 결국 알아보게 된다. 어떠한 상황에서도 우리는 움직임을 멈추지 않아야 한다.

사고의 차원을 넓히는
계기

인지적 고착화 때문에 우리는 지금 속해있는 상황에 매몰돼 관성적으로 과업을 수행하는 경향이 있다. 그러나 쌓아온 자원이 무너지거나 애초에 쌓인 자원이 없는 경우 그 상황을 해결하기 위해 관찰자적 시각에서 상황을 조명하고 좀 더 거시적 차원에서 전략을 수립할 수 있게 된다. 즉, 위기가 개인의 메타 사고력을 끌어내는 것이다. 집 안에만 있으면 인테리어가 눈에 들어와 그것에만 관심을 쏟게 되지만, 살던 집이 무너지면 밖으로 나와 원점에서 새로운 집을 지을 생각을 하게 되고 결국 더 성대하고 화려한 집을 완성할 수 있는 것이다.

1983년 2월 8일 삼성전자가 D램 반도체 사업을 시작한다고 했을 때 미쓰비시Mitsubishi 연구소는 「삼성이 반도체 사업에서 성공할 수 없는 다섯 가지 이유」라는 보고서를 냈다. 후발주자인 삼성을 조롱한 것이다. 그로부터 9년 뒤 삼성전자는 일본 도시바 Toshiba를 제치고 D램 세계 1위가 된다. 애초 국내에 시장이 없던 상황에서 처음부터 해외 시장을 목표로 반전의 전략을 모색한 결과다. 반면 도시바는 현재 가진 자원을 재활용하기에 급급했다.

복싱에서 신인이 베테랑을 상대하는 데 이점은 데이터다. 베테랑은 상대에 대한 정보가 전혀 없지만, 신인은 무수히 쌓인 비디오 자료를 분석해서 이길 전략을 세울 수 있다. 뒤늦게 어떤 분야에 진입했을 때의 이점 중 하나는 선발주자가 축적해놓은 시행착오들을 조합하여 보다 거시적인 차원에서 새로운 전략을 고안해낼 수 있다는 점이다. 마차의 시대에 마차를 만드는 공장의 사장은 더 튼튼한 마차, 더 빠른 마차를 만드는 데 사고를 집중했지만 외부에 있던 또 다른 누군가는 증기기관을 통해 자동차라는 이동수단을 발명할 생각을 할 수 있었다. 가진 게 없으면 없을수록 이에 비례하여 사고는 더욱 유연해질 수밖에 없는 것이다.

네이버와 카카오의 웹툰Webtoon이 미국, 유럽, 동남아시아, 일본 등 전 세계의 콘텐츠 시장에 돌풍을 불러일으키고 있다. 2000년대 초반 한국 만화계는 주간지까지 사라질 정도로 피폐해진 상황이었다. 그러므로 미련 없이 빠른 전개, PC 스크롤에 적합한 스토리 라인을 갖춘 웹툰이라는 새로운 장르를 개척할 수 있었다. 반면 망가로 세계를 주름잡던 일본은 출판 시장에 미련을 버리지 못했고 콘텐츠 사업의 디지털 전환이 늦어졌다. 카카오의 웹툰 플랫폼 픽코마Piccoma는 당당하게 현재 일본 콘텐츠 시장의 매출 1위를 차지하고 있다.

이미 한 영역에서 특정 성과를 거둔 선발주자들 대다수는 이미 이룬 것에 대한 자만, 잃는 것에 대한 두려움, 새롭게 시작하는 이들에 대한 무시 등 감정적인 요소에 의지력을 빼앗겨 시간을 낭비한다. 또 이룬 지위에 대한 손실 회피 성향이 발동돼 현상 유지 차원에서 보수적인 전략을 수립하게 돼 자연스럽게 혁신과의 거리가 멀어진다. 그리고 차분히 이 과정을 지켜보며 보다 넓은 차원에서 반전의 전략을 수립한 후발주자에게 역전당하는 것이다.

좁은 집의 아늑함에 취하다 보면 그것이 세상의 전부가 된다. 그러나 월세가 밀려 그 집에서 쫓겨나게 된다면 그를 반기는 건 드넓은 세상이다. 아득함이 두렵게 느껴지기도 하지만 어떻게든 살아야겠다는 의지는 활동 무대를 더욱더 넓혀준다. 그렇게 많은 곳을 거닐면서 혁신의 자원을 발견하게 된다. 때론 길을 잘못 들고 헤매기도 하지만 에둘러온 만큼 심장과 다리가 튼튼해져 더 많은 것을 보고 느낄 수 있게 되고 마침내는 스스로 추월의 계기를 마련한다.

실패를 겪으면 우리가 가진 자원의 상당 부분을 잃게 되고, 결국 그나마 가진 자원을 효율적으로 또 전략적으로 활용할 방법을 처음부터 다시 고민하기 시작한다. 패턴과 일반화를 좋아하는 우리의 사고 특성상 이러한 위기 상황을 겪지 않으면 사고의 차원을 넓히기 쉽지 않다. 그리고 그 속에서 무한한 기회를 발굴하고, 실패의 경험에서 발굴한 시사점을 토대로 사업을 안정적으로 운영해나간다. 모바일의 발달로 사업 확장이 더욱 쉬워진 현대에 이르러 이러한 성향은 더욱 두드러진다. 아이디어의 가치가 가파른 속도로 올라가고 있는 시대다. 어떤 분야에 뒤늦게 진입해야 하는 상황에 있다면 생각을 게을리하지 않고 그 굴레를 넓혀 추월의 로드맵을 차근차근 그려봐야 한다. 이것이 바로 처음부터 다시 시작하는 상황에서 발휘되는 메타 사고의 힘이다.

선명해지는
정체성

"감정이란 게 사실 복잡해서 즐겁고 기쁜데 남몰래 우울함이 엄습하기도 하고 장례식장에서 웃음을 참을 수 없는 지경이 되기도 하죠. 저는 그런 어색한 조합, 뒤섞인 이미지를 보면 심장이 쿵쾅거리고 피가 온몸에 도는 느낌이 들어요. 일상생활 중 제가 원하는 이미지를 마주하게 되면 충분히 거리를 두었다가 영화를 통해 빼내는 것, 그게 제가 하는 일이라 생각합니다."

봉준호 감독은 자신이 하는 일에 대한 뚜렷한 자신만의 정의를 갖고 있다. 영화 <괴물>에서 화염병을 든 박해일 배우가 그 화염병을 놓치고, 영화 <기생충>에서는 강자와 약자의 뻔한 대립이 아닌 약자와 약자 간에 새로운 권력 구도를 우스꽝스럽게 표현했다. 이것이 봉준호 감독이 가진 '뻑사리의 미학'이다. 큰 성과를 이룬 대다수의 사람은 자신이 하는 일에 대한 명확한 인식을 갖고 있다. 스스로가 명확해야 타인을 설득할 수 있기 때문이다. 그들은 명확해지기 위해 자기 일과 상관없는 많은 부분을 스스로 포기한다. '마켓 컬리'의 이슬아 대표는 시간이 아까워 네일아트를 받지 못했다고 했고, '왓챠' 박태훈 대표는 사업 외 모든 걸 포기했다고 말했다. 사업가로서의 뚜렷한 자기 인식이 있었기에, 또 그 가치에 대한 믿음이 있었기에 자신이 하는 일에 온전히 몰입할 수 있었던 것이다.

로알 아문센Roald Amundsen은 어릴 때부터 자신의 직업을 탐험가로 정한 뒤 추위에 적응하기 위해 얇은 옷을 입은 채로 잤고, 탐험가가 겪게 될 선장과의 불화를 피하기 위해 미리 선장자격증을 땄다. 그는 탐험가라는 꿈을 이루기 위해 자신의 모든 생활을 그에 맞춰 재조정했다. 정체성은 무수한 의사결정에 뚜렷한 우선순위를 제공해 유혹과 자극의 요소들에서 벗어나 의사결정의 질을 높이는 지름길이 된다. 예를 들어, 자신이 운동선수라고 뚜렷하게 각인시킨 사람은 불필요한 술자리를 자연스럽게 피하고, 식사를 할 때도 가급적이면 건강식으로 먹는 선택을 별 어려움 없이 할 것이다.

미국 최초의 흑인 타자 루이스 해밀턴Lewis Hamilton은 타석에 들어설 때마다 야유를 듣고, 길을 가다가 사람들이 뱉는 침을 맞고, 괴한에 폭행당했다. 그런데도 묵묵히 타석에 올랐다. 흑인으로서의 정체성보다 타자라는 정체성이 앞섰기 때문이다. 『1984』를 쓴 조지 오웰George Orwell은 책을 쓰는 것이 고통스럽고 기나긴 병치레와 같이 끔찍하고 기진맥진한 싸움이라고 말했다. 그러면서도 사회의 비천한 현실을 오롯이 담아내겠다는 각인된 자신의 정체성에 따라 글쓰기를 한시도 게을리하지 않았다. 이렇듯 뚜렷한 자기 규명은 불필요한 자극들로부터 해방을 가져다주기에 삶의 효율을 비약적으로 높일 수 있다.

인간은 주위가 집어삼킬수록 고유의 방어 본능에 의해 자신의 정체성을 뚜렷이 하는 성향이 있다. 참담한 상황이 자신의 고유한 색을 어둠으로 색칠하려 할 때 위기감을 느낀 우리는 더더욱 목소리를 높여 고유의 색을 발산하게 된다. 결국 이를 통해 전보다 더 선명해진다. 선명해진 형식은 삶의 내용을 변화시킨다. 개인이 스스로에게 제목을 내리면 사람은 그 제목에 맞춘 행동 양식을 이어간다. 형식이 내용을 지배하는 것이다. 사람은 그 인지적 종결 욕구로 인해 자신에게 부여된 역할에 충실히 하는 본능을 갖고 있다.

스탠퍼드Stanford대학교 브라이언 크리스토퍼Brian Christopher는 2011년에 자기 인식의 효과에 관해 연구했다. 그는 유권자를 두 집단으로 나눠 곧 있을 선거에 대한 질문지에 답하게 했다. 한 집단의 설문에는 '투표하는 게 얼마나 중요하다고 생각하십니까?'와 같은 동사형으로, 다른 집단에는 '투표자가 되는 게 얼마나 중요하다고 생각하십니까?'처럼 명사형으로 질문했다. '투표자' 질문을 받은 유권자의 87.5퍼센트는 투표에 매우 관심이 크다고 답변했다. 이에 비해 '투표하는 것'을 질문 받은 유권자는 이 같은 응답률이 55.6퍼센트에 불과했다. '투표자가 되는 것'이라는 표현은 곧 자신이라는 사람의 정체성에 관한 질문으로 인식돼 당사자의 행동 의지를 고취한 것이다. 비슷한 맥락으로 페이스북의 랜디 주커버그Randi Zuckerberg는 그녀의 팀을 고객 마케팅 부서에서 창조적 마케팅 부서로 바꾸자 팀원들의 창의 역량이 급증하는 것을 체험했다. 스스로에 대한 인식이 곧 사람의 사고를 그 방향대로 몰고 가는 것이다.

1971년 심리학자 필 짐발도Phil Zimbardo는 건강한 스탠퍼드 대학생들을 선발하여 일부에게는 '교도관'의 역할을 부여하고 일부에게는 '수감자'의 역할을 부여한 다음 대학교 내에 임시로 설치한 감옥에서 학생들이 지내도록 했다. 며칠의 시간이 지나자 수감자 역할을 맡은 학생들은 극심한 우울과 스트레스 증상을 보였고, 교도관 역할을 맡은 학생들은 엄격하고 가학적인 행동을 하기 시작했다. 가상으로 역할을 부여받았을 뿐인데 그들은 그들에게 부여된 역할에 몰입해 실제의 감옥 시설 내의 관계처럼 행동하였다. 부여된 역할이 그들의 행동 양식을 결정지은 것이다.

사람은 스스로 투영한 이미지대로 사고하고 행동하려는 경향이 있다. 자신의 정체성을 '실패자', '부적합자'가 아닌 '도전하는 자', '혁신가', '기업가', '창작자' 등의 긍정적인 단어로 규정짓는다면 자기 행동을 그 방향성대로 움직이기 위해 노력할 것이다. 그래서 정체성은 혼란스러운 현실 속에서 우리가 가야 할 방향을 알려주는 나침반과 같다. 인간은 자신이 생각하는 정체성에 맞춰 모든 사고를 정리하는 본능을 가지고 있으므로 되도록 자신의 과업에 부합한 건전한 정체성을 정교하게 새겨야 한다.

모든 것이 만족스러운 상황에서는 자신의 정체성을 뚜렷하게 발현하기 힘들다. 그 안온감에 취해 내면에 깃든 자신의 목소리를 높일 동기가 없기 때문이다. 그러나 자신이 사라질 것만 같은 위기가 닥치면 역설적으로 자신의 목소리에 더욱 힘을 주게 된다. 어니스트 헤밍웨이Ernest Miller Hemingway는 "용기는 압박을 받을 때 비로소 그 진가를 드러낸다"라고 말했다. 주식 중개인이었던 폴 고갱Paul Gauguin은 1882년 주식 시장이 붕괴된 이후 서른다섯 살의 나이에 전업 화가가 되기로 결심했다.

『지적 대화를 위한 넓고 얕은 지식』이라는 밀리언셀러를 쓴 작가 채사장은 직장 동료들과의 출장에서 차량 전복 사고를 겪는다. 탑승 인원 모두가 생사의 갈림길에 설 만큼 큰 사고였고, 정신적 충격으로 마음의 불안을 떨치기 위해 글을 쓰기 시작했다. 그는 죽음이란 것이 그다지 멀지 않은 곳에 있다는 것을 느낀 이후로 자신의 목소리를 내기 위해 끊임없이 생각을 정리했고, 글을 쓰기 시작했다.

흑인은 다른 어떤 인종보다 극심한 역사적 고초를 겪었다. 타인들은 흑인에게 심한 압박을 가했고 그들은 목소리를 높여야 했다. 자기 자신과 자신의 형제, 가족에 대해 끊임없이 이야기하기 시작했다. 그래서 그들의 힙합 음악 속 가사가 존재 과시의 방향으로 흘러간 것이다. 그들은 자신이 지우려는 외부의 핍박에 맞서 살아남기 위해 내면의 목소리를 토로해야 했다.

한 소년이 있었다. 그는 길러주신 어머니와 낳아주신 어머니가 다르다는 사실을 알고 낳아주신 어머니에 대한 그리움으로 열 살부터 끊임없이 방황했다. 뿌리에 대한 갈증은 그를 거리로 이끌었다. 그러다 길에서 우연히 만난 거지와 깊은 대화를 한 후 마음을 바꾸어 요리사의 길을 걷기로 다짐했다. 동네 중국집을 전전하고 방랑하면서 길에서 거둔 재료로 음식을 계속 만들었다. 결국 그 아이는 2000년대 초 유엔 한국 음식 축제 대표로 참가한 것을 계기로 청와대 경제인 만찬 메인 셰프가 됐다. 그 소년이 바로 얼마 전 타계한 故임지호 셰프다. 자신의 정체성에 대한 방황으로 인해 집착적으로 요리사라는 자신의 정체성에 심취했고 이를 거름 삼아 최고의 자리에 오른 것이다.

현재는 우리에게 내려진 가장 큰 환희이자 축복이다. '카르페 디엠Carpe Diem'은 '오늘을 살라'는 뜻이다. 현재까지 가장 많이 구전되는 라틴어를 최초로 유행시킨 사람은 로마인 호르티우스Horatius다. 그는 기원전 44년 마르크스 브루투스Marcus Junius Brutus의 편에 섰다가 패하는 바람에 자기 재산과 권력을 모두 날린다.

그는 갑자기 이런 허망함을 시로 표현하고 싶은 충동이 일어났고 늦은 나이에 로마 서정시의 완성자가 됐다.

"바빌론의 점성가들에게 생의 마지막이 언제일지 묻지 말라. 현명한 생각을 하라. 오늘 포도주를 내려라. 말하는 사이에도 우리를 시샘한 세월은 흘러간다. 내일을 믿지 마라. 오늘을 즐겨라."

그가 인생 말년에 시를 쓸 수 있던 까닭은 모든 것을 잃고 자신의 마음이 내는 현재의 목소리에 귀를 기울였기 때문이다. 니체는 "왜 살아야 하는지 아는 사람은 그 어떤 상황도 견딜 수 있다"라고 말했다. 뚜렷한 정체성은 좌절하지 않고 살아야 하는 이유를 제시해준다.

빅터 프랭클은 말한다. "우리가 어떤 환경에 놓여있건 그 누구도 자기의 태도를 선택할 자유는 빼앗을 수 없다." 그는 그렇게 내일 죽어도 이상할 게 없는 나치 수용소에서조차 심리학자로서 본분을 잊지 않고 재소자들을 분석했다. 수용자 중 헌신할 대상이 없는 이들은 빨리 죽고, 헌신의 대상이 존재하는 사람은 적응해나가는 것을 발견한다. 이를 토대로 사람들에게 헌신의 대상을 찾도록 도와주는 자신의 심리철학 '로고테라피Logotherapie'를 완성하여 심리학의 거목이 됐다. 쿠엔틴 타란티노Quentin Tarantino가 각본을 쓸 때 컴퓨터를 이용하지 않고 손으로 노트에 쓰는 것 또한 글 쓰는 사람으로서의 자기 고집이다.

자신을 음악 하는 사람이라 규정하는 사람은 한 번이라도 더 연주하려고 노력할 것이며, 연기자라 칭하는 사람은 한 번이라도 대본을 더 볼 것이다. 세포가 산화되고 생명이 점멸등처럼 깜빡일 때 하지 않아서 후회되는 가장 큰 한 가지, 그것을 위해 삶의 많은 부분을 내어주어도 아깝지 않은 그것이 바로 정체성이다. 그것은 어둠에 비례하여 증폭된다. 의지로 빚은 빛은 닥쳐온 어둠 속에서 그 어둠과 대비돼 더욱 밝게 빛나고 곧이어 세상을 밝힐 것이다.

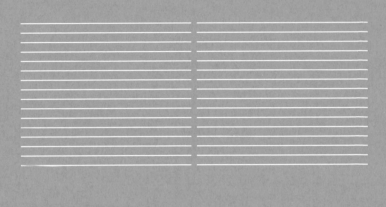

자네의 용모와 머리 모양이 자네를 드러내는 것이 아니라네.
선택의 능력이야말로 자네가 누구인지 온전히 드러낸다네.
선택이 아름다우면 자네 또한 그렇게 될 것이네.

- 에픽테토스(Epikteto)

Chapter 4.

사고력을 확장시키는
메타 사고법

노력으로 이끌어내는
메타 사고

'메타Meta'는 라틴어 어원으로 '모든 것을 뛰어넘어서'라는 뜻이 있다. 따라서 메타 사고는 기존의 사고를 뛰어넘는 사고를 뜻한다. 우리는 익숙한 환경에서 익숙한 생활을 보내고 결국 생각하던 대로 생각하게 된다. 그러나 중요한 것은 자신이 나태하게 생각하고 있다는 사실 자체를 인지하지 못한다는 것이다. 문제를 인지하지 못하니 개선은 당연히 불가능하다. 그들은 그렇게 평균의 삶을 살아간다. 생의 혁신을 원한다면 먼저 본인의 사고가 굳어 있다는 사실을 깨달아야 한다. 메타 사고는 그렇게 출발한다.

사고의 범위가 넓어지면 전략적 사고가 가능해진다. 한 명의 병정으로 전투에 몰두하는 것에서 잠시 벗어나, 눈을 감고 돌아가는 판 전체를 조망하면 유리한 위치에서 싸움을 다시 시작할 수 있다. 토끼와 거북의 경주에서 거북이 경기장을 산자락이 아닌 강가로 제안했다면 거북은 헤엄쳐서 토끼를 쉽게 이겼을 것이다. 어떤 상황에서 성과가 부진할 수도 있다. 대다수 사람은 그 부진한 결과에 대해 자신의 무능을 탓하고 자책에 빠진다. 그 판이 자신에게 유리한 판인가를 고민하고 유리하지 않다면 판을 옮길 생각은 하지 못한다. 나태하게 사고했기 때문이다. 골드러시^{Gold} Rush 시대에 결국 가장 안정적으로 돈을 번 집단은 곡괭이와 청바지 판매업자들이었다. 그들은 돌아가는 판 전체를 바라보았기 때문에 자신의 사업을 유리하게 전개할 수 있었다. 사고를 넓혀야 자신의 노동력을 더욱 효율적으로 사용할 수 있다.

『손자병법^{孫子兵法}』에 이런 구절이 있다. "명장은 싸우기 전 반드시 이길 조건을 갖추어놓고, 이미 패배할 상황에 있는 적을 상대로 싸워 이기며, 패장은 먼저 싸움을 걸어놓고 승리를 추구한다." 뛰어난 사업가들은 사업의 시작 단계에서 메타 사고를 통해 이길 수 있는 사업을 택하여 비즈니스 전쟁에서 승리를 거둔다. 왓챠의 박태훈 대표는 처음부터 콘텐츠 사업을 해야겠다고 생각하지 않았다. 군대를 전역하고 무슨 사업을 해야 하나 고민을 하면서 50개 정도의 사업 아이디어를 쌓아나갔다. 그렇게 나열한 사업 모델에서 개인화, 추천, 알고리듬이라는 공통점을 발견했다. 이후 원점에서 출발하여 이들 모두를 활용할 수 있는 사업을 구상하기 시작했다. 그러던 와중에 영화라는 영역이 가장 대중적이고 장르, 박스 오피스 스코어, 조건 등이 명료해 추천 엔진을 만들기 적합하다고 판단했다. 그래서 이 세 가지 요소에 영화라는 재료를 접합하여 왓챠를 창업해 지금에 이르렀다.

'셀트리온Celltrion'의 서정진 회장도 처음부터 바이오사업을 시작해야겠다고 마음먹은 것은 아니었다. 1999년 셀트리온의 전신인 '넥솔'을 창업해 실패한 뒤에 차기 사업을 구상하던 중 외국 제약사들의 블록버스터 의약품의 특허 기간이 얼마지 않아 끝날 것이라는 점과 당시 미개척지였던 바이오산업이 유망하다는 것을 발견했다. 사고의 범위를 넓힘으로써 기회를 발견한 뒤 될 만한 사업에 철저히 자신을 내던졌다. 흥미로운 점은 대우자동차 출신 창업 동료 열 명 중 생물학 관련 전공자는 한 명도 없었다는 사실이다. 오로지 전략적 차원에서 사업에 대한 가능성을 믿고 치열하게 공부하여 지금의 성과를 이루어냈다.

한류 열풍의 선봉 SM 엔터테인먼트의 '보아'는 전략적으로 육성된 아이돌이었다. 이수만 사장은 일본의 한류 시장이 커질 것으로 판단했다. 그래서 보아는 데뷔 첫 단추부터 일본 시장을 염두에 두고 철저하게 교육받았다. 일본어 능력을 배양시키기 위해 표준 발음을 구사하는 NHK 아나운서의 집에서 홈스테이를 했고, 프로듀서와 스태프를 포함한 모든 주변 인력을 일본 현지인으로 섭외했다. 보아는 이러한 철저한 기획으로 결국 일본의 국민 가수가 될 수 있었다. BTS를 탄생시킨 방시혁 대표는 전 세계의 흥행을 관찰하던 와중 라틴계에게서 유독 반응이 호의적인 것을 발견하였다. 이들을 표적 시장으로 잡아 집중 마케팅을 펼쳐 그들의 흥행을 전 세계로 넓힐 수 있었다.

메타 사고는 비즈니스의 영역에 국한되지 않는다. 창작자 또한 메타 사고를 통해 자신의 예술성을 보다 효율적으로 널리 전파할 수 있었다. 최단 기간 100만 부를 돌파한 소설『달러구트와 꿈의 백화점』을 쓴 저자 이미예는 삼성전자 엔지니어 출신으로 어릴 때부터 작가에 대한 꿈을 갖고 있었다. 그녀가 대중적인 소설을 집필할 수 있었던 배경에는 '재미 노트'가 있었다. 그녀는 만화책부터 드라마 대본집까지 재미있는 작품은 가리지 않고 그 작품이 왜 재미있는지를 분석한 20여 권의 재미 노트를 만들었다. 노트에는 수백 작품의 캐릭터 이름이 언제부터 외워지는지 두 줄짜리 문장이 몇 초 안에 머릿속에 이미지로 그려지는지 등이 자세히 적혀 있었다. 그녀는 이 연구를 통해 재미란 무엇인가에 대해 본인만의 개념을 정립해갔다. 그래서 그녀는 처음부터 가능성이 높은 소설을 쓸 수 있었다.

아놀드 슈왈제네거Arnold Alois Schwarzenegger는 제2차 세계대전 직후 패전국인 오스트리아에서 태어났다. 당시 경제는 공황 상태였고 그는 엄청난 가난에 시달렸다. 그곳에서 벗어나고 싶었던 그는 미국에 대한 다큐멘터리를 보게 됐고, 그곳에 가야 한다는 확신을 하게 됐다. 그러다 우연히 보디빌딩 잡지 속에 영화 <헤라클레스Hercules>로 스타가 된 레그 파크Reg Park를 보았다. 제네거는 그의 궤적을 철저히 조사했다. 파크는 가난했지만 매일 다섯 시간씩 트레이닝하여 영국 보디빌더 1위가 됐고 이후 세계 1위인 미스터 유니버스가 됐으며, 이후 영화에 출연한 것이다. 제네거는 미국으로 건너가 같은 대회의 챔피언이 된 뒤 영화계로 들어가는 것을 목표로 정하고 운동에 더욱 매진했다. 그는 자신이 어떤 길을 걸어가야 할지 그 방향성을 생각한 뒤 움직였다. 예술의 세계에 전략적 사고를 도입한 것이다.

이들과 달리 일반적인 사람은 인간 본연의 인지적 고착화 성향 때문에 상황과 사람에 매몰된 채 좁은 시각을 유지하며 살아간다. 타인과의 대화와 인터넷 속 공간에 몰두하느라 자기 자신과 대화를 나눌 시간은 턱없이 부족하기 때문이다. 스스로에 대한 지식이 결여된 채 타인의 기준에 맞추어 평균의 삶을 살아간다.

자신이 가진 역량에 대해 정확한 진단을 내리는 객관화 능력은 추월자의 핵심 자질 중 하나이다. EBS의 <학교란 무엇인가>라는 프로그램에서 자기 객관화 능력에 관한 실험을 진행했다. 상위 0.1퍼센트 학생과 일반 학생에게 서로 연관성이 없는 단어 25개를 제시했다. 그들은 각 단어당 3초씩 75초 동안 최대한 많은 단어를 기억해야 했다. 예상과는 다르게 상위 집단과 일반 학생의 기억력 수준에서는 비슷했다. 다만 상위 집단은 자신이 적을 수 있다고 예상한 만큼의 단어를 적었고, 일반 학생은 예상했던 수준보다 훨씬 적은 단어를 적었다. 일반 학생과 상위 집단의 학생을 나눈 것은 기억력이 아니라 자신의 수준을 정확하게 진단하는 능력이었다. 상위 집단 학생은 자신의 수준을 정확히 진단했고, 부족한 부분을 집중적으로 공부해서 효율적인 학습을 이어갔던 것이다. 결국 성과를 가르는 데 중요한 것은 자신의 현 수준을 정확히 판단하는 안목이다.

코넬Cornell대학교 사회심리학 교수 데이비드 더닝David Dunning은 학생들에게 문법과 논리력 시험을 치르게 한 뒤 시험을 얼마나 잘 본 것 같은지 점수를 매겨보라고 했다. 그러자 대부분의 학생이 자기 능력을 잘못 진단했지만 이런 성향은 시험 점수가 안 좋은 쪽에서 훨씬 심하게 나타났다. 그는 이 실험을 확장해서 한국을 포함한 34개국에서 15세 학생들의 수학 실력을 살펴본 결과 동일하게 실력이 가장 떨어지는 학생들에게서 과도한 자신감이 나타나는 것으로 드러났다. 심리학에서 무능한 사람들이 자신을 과대평가하는 현상을 더닝의 공동 연구자 저스틴 크루거Justin Kruger의 이름을 합쳐 '더닝 크루거 효과Dunning Kruger Effect'라고 부른다. 학습 능력이 부족한 사람일수록 이와 비례하여 자신의 수준을 정확하게 진단하지 못한다. 진정한 발전은 자신을 정확하게 진단하는 데서 출발한다. 자신의 강점과 약점을 객관적으로 파악해야 약점을 보완하고 강점을 살릴 수 있고, 자신의 강점이 가장 잘 발휘할 수 있는 '판'으로 자신을 이동시킬 수 있다. 노동력이 가장 효율적으로 활용될 '판'으로 스스로 이동하는 것이다. 현대

추상 예술의 거장 잭슨 폴록Jackson Pollock은 데생을 지독히도 못하는 미술학교 속 부진아였다. 그는 자신의 약점을 인지했기에 현대미술로 필드를 설정하였다. 묘사 대신 자신만의 미술 규칙을 만드는 쪽으로 사고하고 행동하여 지금의 명성을 얻게 됐다.

활공하는 매가 대지를 바라보는 것처럼 우리는 거시적인 시야를 키우기 위해 기록과 독서, 프로세스 중심의 사고를 생활화해야 한다. 빌 브라이슨William McGuire Bryson의 『The Body』라는 책에 따르면 우리는 운동으로 태운 칼로리를 네 배나 과대평가해 방금 태운 칼로리의 두 배를 섭취해서 살을 빼는 데 실패한다고 말했다. 만약 체계적 스케줄에 맞춰 운동하고 그에 소모되는 칼로리를 기록했다면 이 같은 잘못을 범하지 않았을 것이다. 우리는 과업에 프로세스를 갖추고 이 프로세스를 통해 성과를 수치화하는 자세가 필요하다. 수치와 기록은 자신을 정확히 파악할 수 있는 훌륭한 매개다. 인간은 감정과 상황에 휩쓸리기 쉬운 유약한 존재임을 스스로 인지해야 한다. 그래야 강해질 수 있다. 감정보다는 이성이 강하다. 감정은 불규칙하고, 불규칙한 것은 유약함의 상징이기 때문이다. 그래서 자기의 감정을 제압하기 위해 루틴을 생활에 이식해야 한다.

지난 400년간 가장 위대한 창조자들의 하루를 연구한 『리추얼Daily Rituals』의 저자 메이슨 커리Mason Currey는 이렇게 말했다. "잘 짜인 루틴은 기간과 의지 절제와 긍정의 자원을 활용하게 되며,

정신적 에너지에 리듬을 더하고, 감정의 폭주를 제압하는 역할을 한다." 일상에 고정된 요소는 감정적 요인으로 망치기 쉬운 하루를 정상 궤도로 돌아오게 만드는 중력이 돼준다. 무반주로 노래를 부르는 건 쉽지 않으나 나의 노래를 리듬이 받치고 있으면 그 리듬에 의존하여 완곡할 수 있다. 본인이 스스로 인생에 리듬을 깔아주어야 한다.

메타 사고를 유도하는 가장 손쉬운 방법은 다름 아닌 책을 읽는 것이다. 책을 읽는 행위는 본질적으로 타인의 생각을 관찰하는 것이다. 이를 통해 사고의 근력을 키울 수 있고, 자연스럽게 일인칭에서 삼인칭으로 시선을 이동시킬 수 있다. 그래서 우리는 숨을 쉬듯 책을 읽어야 한다. 만약 책의 내용이 와닿지 않더라도 비평해야 한다. 비평은 필연적으로 사고를 통한 판단을 내포한다. 비평의 과정을 통해 판단 능력이 함양되는 것이다.

정리하자면, 우리는 스스로 판단할 수 있도록 일상을 정돈하고, 정돈된 일상을 기록하여 수치화하고, 타인의 사고를 게걸스럽게 섭취해야 한다. 이것이 한없이 자연스러운 행위가 되도록 노력해야 한다. 이 노력으로 자신에 대한 정확한 진단을 내리고, 사고의 담론을 자신에게서 세계로 확장할 수 있다. '이 일을 왜 하는가', '이 일의 효용이 무엇인가', '다른 일과의 차이점이 무엇인가' 같은 생각들은 절대로 무용하지 않다. 우리의 뇌에는 가소성이 있어 쓰면 쓸수록 발전하고 진화한다.

런던 택시 운전사들의 후위 해마는 일반인에 비해 크다고 한다. 그들은 복잡한 런던 시내에서 방향을 찾기 위해 끊임없이 뇌를 사용하기 때문이다. 생각의 나태는 행동의 나태를 부르고, 행동의 나태는 후회를 양산한다. 가장 먼저 해야 할 일은 끊임없이 사고하고, 끊임없이 대안을 모색하는 습관을 기르는 것이다. 이를 통해 발생하는 메타 사고는 우리가 가야 할 인생의 방향을 제시해줄 것이다.

메타 사고의
효과적인 방법

제대로 정의하라

전기가 없던 시대 당대 최고의 지성들은 철학이라는 학문에 빠졌다. 철학은 이성에 관해, 윤리에 관해, 세상의 본질에 관해 각자의 언어로 '정의' 내리는 학문이다. 정의 내리는 행위는 모든 지적 활동 중 최고 수준의 사고력을 요구한다. 기존의 정의가 가진 편견을 부셔야 하며 다양한 형태와 양상들을 모두 포괄하여 한 단어로 응축하여 제시해야 하기 때문이다. 오롯이 자신의 사고로 정의 내리는 과정에서 사고력은 확장되고, 이 과정에서 혁신의 기회를 발굴하기도 한다.

1993년 이건희 전 회장은 수주업에서 수조 원의 손실을 보고 나서 임직원들에게 업의 개념을 다시 정의하여 보고서를 내라고 주문했다. 스티브 잡스는 프레젠테이션의 첫출발을 MP3, 노트북,

휴대전화의 개념을 재정의 내리면서 시작했다. 통신수단에 불과했던 휴대전화를 무한한 콘텐츠의 바다로 재정의 내리면서 아이폰을 출시했고, 아이팟을 단순히 MP3가 아닌 패션 액세서리로 정의 내려 경쟁이 포화상태였던 MP3 시장의 판도를 바꿨다. 그들은 개념 재정의가 가진 힘을 알고 있었던 것이다.

휴대전화의 개념을 통신수단으로 정의하는가 아니면 컴퓨터의 축소판이라고 정의하는가에 따라 비즈니스의 양태는 무한대로 바뀔 것이다. 암호 화폐를 화폐의 대리인인가 아니면 화폐의 보조 수단인가, 어느 쪽으로 정의하는가에 따라 해당 산업은 다른 양상으로 발전할 것이다. 정보가 대중에게 개방된 사회에서는 정보를 흡수하는 역량보다 흡수된 정보를 재해석하는 역량이 더욱 중요하다. 그래서 혁신을 잘하는 사람은 자신이 속한 업에 대한 자신만의 개념을 갖고 있다. 어떤 개념을 능동적으로 재조립하는 과정에서 발생하는 에너지는 조직의 구성원을 바람직하게 변화시키고 정확한 표적을 제시함으로써 혁신을 쉽게 만든다. 그래서 조직의 크기가 크면 클수록 리더에게 재정의 역량이 요구된다.

『어린 왕자』의 작가 생텍쥐베리Saint Exupery는 배를 만들기 위해 먼저 해야 할 일은 목재를 마련하고 임무를 배분하는 게 아니라 인부들에게 끝없이 넓은 바다를 동경하게 만드는 일이라고 말했다. 리더의 역할은 구성원에게 자기 일이 가진 의미를 설득하는 일이고 이는 정의를 통해 구체화된다. 의류 회사 파타고니아

Patagonia의 CEO는 자신들이 추구하는 진정성은 처음부터 이미지를 갖는 데 관심을 두지 않는 것이라고 정의 내렸고 구성원은 이 철학에 동조했다. 스타벅스의 최고기술경영자Chief Technology Officer, CTO 게리 마틴 플리킨저Gerri Martin-Flickinger는 스타벅스의 디지털 트랜스포메이션Digital Transformation은 바리스타가 좀 더 자유로워지도록 하여 음료를 만드는 데 더 공을 들이고 고객에게 친근하게 다가갈 수 있도록 지원해주는 것이라고 정의 내렸다.

금융이라는 단어를 생각해보자. 사전에 금융을 찾으면 '금전을 융통하는 일'이라고 단순하게 정의하고 있다. 그러나 나는 욕망과 능력에 관한 데이터를 수집하고 이를 결정으로 전환하는 메커니즘을 제공하는 일이라고 정의 내리고 싶다. 만약 자신이 금융업의 리더 입장이고, 업의 본질을 이렇게 제시한다면 구성원은 이 정의에 따라 좀 더 다차원적 사고를 시도해볼 것이다. 보험업이 고객들에게 안정감이라는 감정을 선물해 일상에서 행복을 놓치지 않도록 보조하는 감정 사업이라고 정의 내린다면 조직 구성원의 사고 폭은 더욱 넓어질 것이다. 마찬가지로 '기계공학은 에너지를 잘 사용하는 방법에 대해 고민하는 학문이다', '광고는 20초의 영상 예술이다', 'MD는 트렌드 개발자다' 등과 같이 자신이 몸담은 영역에 대해 자신만의 정의를 만든다면 행동 양식은 변화하고 변화된 행동은 혁신으로 이어질 것이다.

찰스 다윈Charles Darwin은 『종의 기원The Origin of Species』에서 "생

존하는 종은 가장 강한 종도, 가장 뛰어난 종도 아니다. 그것은 변화에 가장 잘 적응하는 종이다"라고 자신의 견해를 축약하여 정의하였다. 그가 내린 정의는 지금까지 구전되고 있다. 이것이 통찰과 정의가 가진 힘이다.

현대 경영학의 아버지 피터 드러커^{Peter Ferdinand Drucker}는 『변화 리더의 조건^{The essential Drucker on Management}』에서 "진정한 마케팅은 우리가 팔려고 하는 게 무엇인가가 아니라 고객이 구매하려는 것이 무엇인가를 질문하는 것이다"라고 정의 내렸다. 그는 마케팅에 대해 한 번 더 숙고한 뒤 자신의 단어로 이를 옮긴 것이다.

메타버스는 현재 시점에서 가장 많이 인용되는 단어 중 하나다. 1992년 미국 SF 작가 닐 타운 스티븐슨^{Neal Town Stephenson}의 소설 『스노 크래시^{Snow Crash}』에 처음 등장한 개념이지만 몇 년 전부터 이 단어를 차용한 선구자에 의해 수면 위로 드러나기 시작했다. 그러나 변화가 충분히 일어나고 난 이후에 이 단어가 대중화된 것이 아니라 선구자에 의해 이 단어가 널리 쓰인 다음에야 해당 산업은 비약적으로 발전하기 시작했다. 단어가 대중화되기 전까지는 표적이 모호했기에 산업의 발전이 더뎠다. 해당 산업의 명칭이 고착되면서 사람들은 명확한 목표 의식을 갖고 산업을 발전시켰다. 정의는 비즈니스에서 GPS와 같다. 정의가 없으면 비즈니스는 표류하게 된다.

우리가 사는 시대를 4차 산업혁명 시대라고 지칭한다. 우리는 습관적으로 4차 산업혁명이라는 단어를 사용하지만 정작 이것이 무엇이냐고 물어보았을 때 명확하게 설명하지 못한다. 4차 산업 혁명은 세계경제포럼의 창시자 중 하나인 클라우스 슈바프Klaus Schwab가 2015년에 <포린 어페어Foreign Affair>의 기고 글을 통해 주장한 개념으로, 그는 이 정의를 통해 세계적인 석학으로 거듭날 수 있었다. 4차 산업혁명은 본질적으로 기술의 발전이 임계점을 넘어 다른 차원의 혁명으로 보아도 무방하다는 생각에서 발생한 개념이다. 그러나 한 개인이 독자적으로 주창한 개념이기에 전 세계적으로 합의된 정의가 없다. 그래서 우리는 이를 명확히 설명하기 어려운 것이다. 사람들은 이 단어를 자주 사용하지만 이 단어가 자신에게 어떤 의미가 되는지는 좀처럼 사고하지 않는다. 이것에 대해 스스로의 힘으로 정의를 시도한다면 혁명의 시대에서 자신의 업을 어떻게 발전시킬 것인가에 대한 로드맵이 그려질 것이다.

나는 4차 산업혁명을 '비즈니스 모델의 대파괴'라고 정의하였다. 4차 산업혁명의 본질은 파괴며 파괴가 일반화되면서 그것이 오히려 시대의 본질이 된 것이다. 나 역시도 4차 산업혁명에 대해 숙고하였고 그 생각을 공유하고자 한다. 1784년 방직기가 발명돼 동력 생산 혁신이 일어났고, 1870년 컨베이어 벨트의 도입과 함께 생산 공정의 효율화가 가속화됐다. 1969년 미국에서 최초로 공장 자동화용 소형 컴퓨터가 등장한 이래 데이터가 권력이 되는 정보화 시대로 접어들었다. 이후 20개월에 두 배씩 반도체 집적 능력이 향상된다는 인텔 창업자가 주창한 '무어의 법칙'에 따라 우리는 마침내 막대한 양의 정보를 소화할 수 있게 됐다. 이 소화 능력은 4차 산업혁명의 촉매가 됐다.

막대한 데이터를 이용할 수 있을 만큼 하드웨어 성능이 향상함에 따라 쓰지 못하던 데이터까지 모조리 흡수하여 사용할 수 있게 됐다. 여러 사물에 인터넷을 연결하여 이들이 흡수하는 정보도 활용할 수 있게 된 것이다. 데이터를 소화할 수 있는 위와 장이 커졌으니 기업의 숙명인 성장을 위해서 기업은 무엇을 하였을까. 기업은 하루에도 수많은 데이터를 양산하는 플랫폼 경제를 발전시켰다. 데이터 관점에서 보았을 때 본질적으로 플랫폼이 가지고 있는 특이점은 이용자가 플랫폼 생태계 안에 활동함으로써 스스로 데이터를 생성하는 것이다. 이는 공급자가 소비자에게 데이터를 주입하는 웹의 기본적 형태와 근본적인 차이를 보인다. 우리가 유튜브 영상을 볼 때 그 취향 데이터들은 가공되고 이는 곧 맞춤형 광고가 지나다니는 통로로서 기능한다. 우리가 스스로 플랫폼 생태계 안에서 데이터를 생성하고 있는 것이다.

한 발짝 더 나아가 플랫폼 산업이 성숙해지고 그래픽 메모리 기술이 급속도로 발전하자 플랫폼 경제를 단순한 텍스트의 형태가 아닌 현실과 비슷하게 디자인해보자는 생각을 하게 됐다. 플랫폼의 매력을 극대화하기 위해 사람들이 플랫폼 안에서 현실과 같이 대화하듯 소통하고, 산책하고, 물건을 함께 구매하게 하자는 이상적인 생각이 현실이 된 것이 바로 메타버스다. 이렇게 만들어진 메타버스는 상거래, 업무 공간으로 기능하면서 효율의 차원으로 사용하기도 하고 대화를 통한 감정적 욕구를 충족시켜주는 감정의 차원에서 사용하기도 한다.

이러한 무궁무진한 데이터를 활용의 차원에서 고민한 것이 바로 빅데이터Big Data 기술이다. 기업가들은 기하급수적으로 팽창하는 데이터를 효율적으로 보관하기 위해 거대한 데이터 센터를 만들었고, 데이터를 인터넷 속 공간에 보관해 공유와 이용을 쉽게 하는 클라우드Cloud 기술을 발전시켰다. 근로자와 소비자를 위해 방대한 데이터 사이의 맥락을 발굴해내는 기술이 바로 빅데이터 기술이다. 이제 플랫폼과 사물인터넷을 통해 데이터를 수집하고 빅데이터 기술을 통해 그 정보를 효과적으로 활용을 할 수 있게 됐다. 여기서 인류는 한 가지 더 본질적인 생각을 키운다. '데이터를 통한 판단도 컴퓨터에 일임하자.' 단순히 이용자의 의도에 따라 데이터를 처리하는 데 그치지 않고, 기계가 데이터를 학습하여 의사결정을 하게 만드는 기술이 말 그대로 '인공지능Artificial Intelligence, AI'인 것이다.

정리하면, 하드웨어 기술의 발달에 따라 데이터의 활용 범위가 기하급수적으로 증가했고, 소화 능력이 향상되자 기업은 더 많은 정보의 흡수처로 눈을 돌리게 됐다. 수집의 측면에서 발전한 것이 이용자가 곧 스스로 데이터 제공자가 되는 플랫폼 경제와 각종 인터넷에 연결된 사물들로 데이터를 수취하는 사물인터넷Internet of Things, IoT 기술이다. 이 플랫폼 경제에 더해 디자인 그래픽 기술이 발전함에 따라 플랫폼 경제를 가상공간에 구축하자는 아이디어가 생겨났고 이것이 바로 메타버스다. 활용의 측면에서 무수한 데이터들 사이에서 하나의 패턴을 발견해 이용자의 업무 효율을 증가시킨 것이 빅데이터 기술이고, 그 판단 자체를 기계에 맡긴 것이 인공지능 기술인 것이다. 이것이 내가 생각하는 4차 산업혁명의 요체다.

생의 혁신은 다른 누구도 아닌 나만이 할 수 있는 일을 하는 것이며, 비즈니스의 혁신은 다른 기업이 할 수 없는 일을 선제적으로 해나가는 것이다. 따라서 우리는 남들이 생각하는 방식에서 벗어나 오롯이 나의 힘으로 사고하는 습관을 길러야 한다. 그렇게 자신이 곧 하나의 장르가 되는 것을 목표로 삼아야 한다. 봉준호 감독은 자신의 영화 속에 주구장창 이질적 상황을 연출한다. 현실의 아이러니를 표현하는 것을 다른 누구보다 자신이 가장 잘할 수 있다는 것을 알고 있기 때문이다. 그렇게 그는 스스로가 하나의 장르가 됐다. 만약 사업가를 꿈꾼다면 산업을 정의 내리고 그 속에서 공백을 발견한 뒤 그 공백 안에서 터줏대감이 돼야 한다. 예술가를 꿈꾼다면 누구도 흉내 낼 수 없는 예술을 쌓아올리고 그 작품들이 곧 자신이 돼야 한다. 직장인을 꿈꾼다면 자신의 스타일을 갖추고 구성원들에게 그 스타일을 신뢰하게 만든 다음 대체 불가능한 인력이 돼야 한다.

정체성이 자기 자신을 정의 내리는 것을 뜻한다면 메타 사고에서 정의는 이를 확장하여 자신이 몸담은 업과 세상의 변화에 정의 내리는 것을 뜻한다. 자신과 세계를 오롯이 자기 눈으로 바라보는 것이다. 생의 혁신을 꿈꾸는 자들은 필연적으로 외롭다. 혁신이란 결국 평범의 인생을 벗어나는 것을 뜻하기 때문이다. 자신의 그 생각을 주변인에게 배출하면 아마 대다수는 부정적으로 반응할 것이다. 평범의 인생을 사는 그들은 지속해서 그 평범을 정당화하면서 살아가기 때문이다. 그들에게 혁신은 이질적인 단어다. 그들의 관점에서는 당연한 사실이므로 구태여 상실감을 느낄 필요는 없다. 부정적 반응은 자신의 감정을 소모하기 때문에 말을 아껴야 한다. 그 대신 행동하고, 행동과 그로 인한 성과로만 그들을 설득해야 한다. 사람들은 보이는 것을 믿으므로 그들의 눈앞에 구체화한 혁신을 내놓아야 한다.

실존주의 철학자 키에르케고르Kierkegaard는 단순한 잡담은 실질적 대화를 앞지르며, 생각 중인 것을 입 밖으로 드러내는 행위는 실제 행동을 선수침으로써 그 행위를 약화시킨다고 말했다. 키에르케고르에 지대한 영향을 받은 독일의 실존주의 철학자 마르틴 하이데거Martin Heidegger는 타인의 통치에서 벗어나 나로서 오롯이 존재하라고 설파했다. 매시간 타인과 연결되는 시대에 오롯이 혼자 있을 수 있는 능력이 지닌 가치가 올라가고 있다. 고독은 혁신을 위한 필수적인 재료이다. 타인에게 무한정 둘러싸인 공간에서 메타 사고는 깨어나지 않는다. 조용한 방 안에서 자극적인 신호들을 차단하고 자기 생각을 글로 써 내려가는 과정을 통해 생각은 정교하고 날카로워진다. 그 과정을 통해 자신이 세상의 기준이 되고, 표준이 되고, 끝내는 정의가 될 수 있다. 모든 사람이 공감하고 의심의 여지 없이 받아들이는 것을 정의라고 한다. 그 길로 가는 여정은 반드시 외롭고, 치열하며, 고통스러울 것이다. 그럼에도 그 순간의 고통들을 용기 있게 감내하는 것은 생애 전반을 행복으로 물들이기 위한 확실한 방법이자, 생의 마지막 순간 한숨 대신 미소를 지을 수 있는 해결책이다.

생각의 차원을 확장하라

스웨덴 청년 잉바르 캄프라드Ingvar Kamprad는 가구 비용의 대부분이 조립 비용이란 사실을 알게 됐다. 조립 비용은 자연스럽게 부피로 이어져 배송 비용으로 전가되고 있었다. 그래서 그는 조립되지 않은 가구를 납작한 박스에 넣어 싼 가격에 파는 비즈니스를 생각해냈고 이를 실행에 옮겼다. 그는 메타 사고를 통해 시장의 공백을 발견하고 이를 집중 공략하기 시작했다. 시장의 반응은 뜨거웠다. 스웨덴의 젊은이들 위주로 그의 가구가 유행처럼 번지기 시작했다. 그러나 그의 성공에 두려움을 느낀 경쟁업체들은 테이블에 앉아 담합을 시작했고, 그를 시장에서 퇴출하기로 결정하였다. 그들은 캄프라드의 가구회사를 일제히 비방하기 시작했고, 위탁 제조업체들은 집단으로 뭉쳐 그의 가구회사 제품 생산을 거부했다. 그의 회사는 파산 위기에 직면했다.

캄프라드는 살아남아야 했다. 자신의 제품을 배신하지 않고 안정적으로 생산해줄 곳을 찾아야 했다. 그는 지도를 쫙 펼쳤다. 스웨덴 지도가 아닌 세계 지도를 책상 끝까지 쫙 펼치자 폴란드라는 나라가 눈에 들어왔다. 그곳이면 경쟁사의 입김이 미치지 않을 것 같았다. 발트해Baltic Sea 너머 폴란드는 노동력이 저렴하고 나무가 풍부해 공급망으로 적합해보였다. 그는 생각을 마친 후 곧장 폴란드로 출발했고 마침내 계약을 따냈다. 글로벌 공급망을 갖추게 된 그의 회사는 파산의 위기를 딛고 세계적인 기업으로 거듭났다. 그 회사의 이름은 '이케아IKEA'다. 만약 경쟁사들이 방해하지 않았다면 그는 당시 공산주의 국가였던 폴란드라는 생소한 나라와 마주할 생각을 하지 못했을 것이다. 위기는 그에게 시야를 확장시킬 동인을 제공해주었다.

인간은 주어진 상황에 맞추어 사고하는 성향이 강하다. 자신이 처한 상황과 감정에 맞추어 세계를 해석한다. 그래서 나이가 들수록, 한 직장에 오래 종사할수록 사고는 편협해진다. 우리는 돌돌 말려있는 생각의 지도를 쫙 펼쳐야 한다. 사고를 수평적으로 또 수직적으로 확장하는 것이다. 정말 뛰어난 사람은 생각의 차원을 확장하여 2D에서 3D로 사고를 변화시키기도 한다. 차원이 변한다고 느낄 정도의 기발한 생각은 남들의 귀에는 미친 소리로 들릴 수 있다. 라이트 형제Wright Brothers가 하늘을 나는 동력 비행기를 만들겠다고 공언했을 때 세상 모든 사람은 미친 사람이라고 조롱했다. 라이트 형제는 장난감 기계를 만들어서 파는 일을 했는데, 생각의 차원을 한 단계 확장하여 자신이 팔던 고무 동력 비행기를 현실로 이룬 것이다.

이런 경지까지 도달하지 못할지라도 일상생활 속에서 생각의 차원을 단순히 수평적으로 또 수직적으로 확장시키는 시도는 충분히 가능하다. 현재 중년 여성 온라인 패션 플랫폼 1위 업체인 '퀸잇'이라는 회사가 있다. 이 회사의 공동 창업자는 30대 남성이다. 만약 자신의 시야에서 사업을 고안했다면 그들은 아마 무신사와 W콘셉트 같은 거대 플랫폼과 경쟁했을 것이다. 그러나 사고를 수직적으로 확장한 덕분에 중년 여성 온라인 패션 시장이 무주공산無主空山(임자 없는 빈 산)이라는 것을 발견할 수 있었다.

동요 '아기 상어' 영상의 조회 수는 '강남스타일'의 세계 조회 수를 뛰어넘는다. 이 노래를 만든 '더핑크퐁컴퍼니'는 2010년에 설립됐고, 처음에는 학습 관련 스타트업으로 '빨간펜', '구몬'과 같은 학습지를 온라인에 구현하는 사업으로 시작했으나 처참하게 실패했다. 회사는 타깃 그룹을 재설정하기 위해 메타 사고를 실현했고, 그중 미취학 아동 교육 시장에서의 공백을 발견했다. 그

후 아이들도 쉽게 보고 익힐 수 있는 교육용 영상을 제작하기 시작했다. 자신들이 만든 아기상어 뮤직비디오를 많은 사람이 쉽게 볼 수 있도록 유튜브에 올리면서 세계적인 콘텐츠 기업으로 거듭날 수 있었다. 이처럼 사고를 확장해야 공백을 발견하고 자신이 뛰어들 만한 판을 찾을 수 있다. 성공에서 희소가치는 필수적이다. 그래서 우리는 대체 불가능한 사람이 되고, 대체 불가능한 사업을 운영해야 한다. 세상은 대체 불가능한 것에 감정적 차원이든, 물질적 차원이든 높은 값을 매긴다. 우리는 유일성을 추구해야 하며 그 유일성을 행동에 옮기는 것은 자신이 가진 사고를 확신하는 것에서 출발한다. 내 생각은 오롯이 나의 것이기 때문이다. 그렇지만 우리는 자신이 처한 상황에 맞추어 생각하는 좋지 않은 본능을 갖고 있기에 의식적으로 사고를 확장하려 노력해야 한다.

이케아 사례처럼 위기는 사고 확장의 가장 훌륭한 거름이다. 그러나 위기는 언제나 달갑지 않은 것이기 때문에 '위기가 처하면 어떻게 할 것인가'라는 질문을 스스로에게 많이 던지는 것이 좋다. 이른바 위기 시뮬레이션인데, 이를 통해 우리는 위기를 직접 겪지 않고도 위기의 힘을 빌릴 수 있다. 또 위기 시뮬레이션은 우리의 창의력을 고취하는 동시에 실제 위기가 닥쳤을 때 이를 해결할 수 있는 큰 힘을 제공해준다.

2001년 9·11 테러 당시 모건스탠리Morgan Stanley의 본사는 참사

현장인 세계무역센터World Trade Center, WTC 110층 가운데 50개의 층을 임대해 사용하고 있었다. 9·11 테러 발생 이후 30분 만에 기업의 네트워크가 복원됐고, 24시간 이내에 본사를 제외한 전 세계 모든 지점의 업무가 차질 없이 진행됐다. 이들은 위기에 대응하기 위해 위험 요소를 파악하고, 그에 대한 매뉴얼을 미리 만들어놓았기 때문이다. 이 위기 이후 모건스탠리는 더욱 투자자들의 신뢰를 받는 기업으로 거듭날 수 있었다. 이처럼 위기 시뮬레이션을 통해 실제 위기에 대응하는 능력을 기르면서 동시에 위기가 가진 힘을 섭취할 수 있다.

만약 자신이 빵 가게를 운영한다면 생각해볼 수 있는 극단적인 위험은, 사람들이 건강관리 때문에 빵을 더 이상 자주 먹지 않는 경우다. 이 가정을 통해 더 건강한 빵에 대해 한 번 더 생각해볼 것이고, 사업 다각화에 대해서도 고민해볼 수 있다. 같은 맥락에서 필름 카메라가 디지털 카메라로 바뀌면서 관련 사업을 영위하던 코닥을 포함한 수많은 업체들이 도산했다. 그러나 후지필름Fujifilm은 예외였다. 후지필름의 CEO 고모리 시케타카古森重隆는 위기 시뮬레이션을 통해 이 사고를 충분히 확장하였고, 후지필름은 필름 제조 기술을 활용하여 화장품과 의약품 시장에 재빨리 뛰어들었다. 그 결과 2000년 그가 취임한 첫해보다 2013년 매출을 70퍼센트 이상 끌어올릴 수 있었다. 그는 위기 시뮬레이션을 통해 실제 위기에 대응할 수 있었고, 위기를 기회 삼아 사업을 더 크게 키울 수 있었다. 고모리 시케타카는 "인생에서 산뜻한 승리란 없었다. 최후까지 진흙탕에서 굴러가며 발버둥치면서 전력을 다한 뒤에야 겨우 성취한 것이 대부분이었다"라고 말했다. 평균의 삶을 벗어나 유일성을 쫓는 과정에서 많은 비용을 지불해야 한다. 평범한 삶의 경우 성장의 상한선이 닫혀있지만 위기의 하한선 또한 어느 정도 닫혀있다. 수많은 사람이 그 길을 걸어왔기 때문에 그 길에 깔렸던 돌멩이는 이미 누군가에 의해 치워진 상태다.

평범의 삶도 나름의 장점이 분명하다. 평범함이 주는 안온감 속에 머무르는 것이 곧 열등함을 뜻하지는 않는다. 그러나 세상에 태어나서 수많은 것들을 경험하고, 그 경험을 바탕으로 사유하여 완성된 나를 널리 퍼뜨리며, 최고의 내가 되기 위해 진흙밭을 걸어가는 여정은 평범의 삶과 거리가 멀다. 평균의 삶은 나에게 안온감을 주는 대신 유일성을 앗아갈 것이다. 그 지불이 합리적인 거래라고 생각된다면 자신도 그들처럼 살아가는 것도 나쁘지 않다. 그러나 상실감이 크게 느껴진다면 우리는 반드시 생각들을 믿고, 확장하고, 행동에 옮겨야 한다.

새로운 것을 조합하라

조합은 모든 창의적 사고의 근원이다. 혁신에서 조합은 가장 기본적인 장치라고 할 수 있다. 세상의 모든 혁신에는 조합의 요소가 반드시 들어가 있다. 메타버스는 플랫폼과 그래픽 기술의 조합이며 핀테크FinTech는 금융과 IT의 조합이다. 예컨대 요리는 조합의 예술이다. 해당 요리에 들어가는 식재료를 분해해보면 특별할 것이 없다. 그들을 잘 조합하고 가공해서 하나의 요리가 탄생하는 것이다. 과거에 비해 각종 정보를 구하기 쉬워진 현재 조합 역량의 가치는 올라가고 있다. 이 조합적 사고를 잘하는 사람은 대상의 면면을 따로 떼어 생각하는 분해 능력이 뛰어나다. 대상을 분해하여 잘게 쪼개면 쪼갤수록 가능한 조합의 가짓수도 기하급수적으로 증가하기에 혁신의 가능성은 증가한다.

모든 투자자가 변덕이 심한 소셜 네트워크 시장을 외면하기 시작했을 때 피터 틸Peter Thiel은 사용자들이 '프렌드스터Friendster'에서 '마이스페이스MySpace'로 왜 갈아타는지를 파고들었다. 그 결과 틸은 프렌드스터에게는 먹통을 유발하는 심각한 서버 문제가 있었고, 그럼에도 불구하고 소비자들이 얼마나 오래 이곳에 머무는지에 주목했다. 그리고 뒤이어 찾아온 마크 저커버그Mark Zuckerberg에게 5억 달러짜리 수표를 써줬고 8년 뒤 이는 1조 원에 매각된다. 피터 틸은 소셜 네트워크 시장의 이면을 들여다보기 위해 분석적으로 사고했고, 이를 통해 가능성을 엿볼 수 있었다. 우리는 상황을 분해하여 남들이 보지 못하는 요소 간의 상관관계를 파악할 수 있고, 이를 지렛대 삼아 효과적인 자원 투입이 가능하다. 그래서 몸담은 영역에서 혁신을 바란다면 먼저 대상을 분석해야 한다. 분석을 해야 개선할 수 있는 부분이 눈에 들어오게 되며 동시에 개선의 포인트를 다른 영역에서 빌려올 수 있다.

'당근 마켓'의 기업가치는 3조 원을 넘어서며 30년이 넘는 업력을 가진 전통 백화점 기업들을 제쳤다. 사실 마켓의 사업 아이디어는 직관적이다. 기존 웹과 앱 공간에 펼쳐져 있던 중고 장터에 GPS 기술을 조합하여 이웃 간의 거래를 유도한 것이다. 웹툰의 경우 단어 그대로 출판 만화를 웹 공간에 조합시킨 것이다. 이처럼 무언가 혁신적 사고를 해야 할 때는 어떤 대상을 분해하거나 조합하는 쪽으로 사고를 가동시키면 남들이 보지 못하는 영역을 보게 된다.

바디프랜드의 강웅철 대표는 조립식 컴퓨터 사업을 하다가 유동성 위기를 맞고 도산했다. 그는 기계를 조립하고 분해하는 데 능했고 이를 자기 일로 삼았으나 잘 풀리지 않은 것이다. 금융회사의 자금 상환 압박에 여러 번 한강 다리를 찾았으나 가족의 얼굴이 떠올라 다시 현실로 돌아왔다. 마침 둘째 아이가 태어난 지 얼마 안 된 시점이었다. 그는 도전에 내몰렸고 혁신을 해야 했다. 새로운 사업 아이템을 떠올리던 중 불면증에 시달리던 자신의 어머니가 일본산 안마 의자에서 편하게 잠을 자던 장면이 떠올랐다. 호기심이 발동해 제품을 직접 분해해보니 제작 원리가 간단했다. 자신이 직접 부품을 조달해 조합하면 훨씬 싼 가격에 좋은 제품을 만들 수 있을 것 같았다. 그렇게 그는 국내에 전혀 없던 안마 의자 전문 매장 바디프랜드 1호점을 열게 됐다. 무주공산의 터줏대감이 된 것이다. 그렇게 바디프랜드는 세계 1위 안마 의자 브랜드가 됐다. 이처럼 혁신하고 싶은 영역을 분해하다 보면 자신만의 조합법이 눈에 들어오게 된다.

뉴욕 마약상 출신 청년 코스 마르테Coss Marte는 자신만이 할 수 있는 조합을 세상에 선보였다. 그는 도미니카 이민 가정에서 자라나 열세 살 때부터 크고 작은 범죄에 연루돼 감옥에 들락거렸다. 마르테는 이제 이렇게 살지 않겠다며 독방에서 맨몸으로 운동을 하기 시작했고 책을 읽으며 삶을 반성했다. 반년 만에 3킬로그램 넘게 살을 빼자 다른 교도소 수감자들이 운동법을 가르쳐달라며 모여들었다. 사업 가능성을 본 마르테는 교도소 수감 생활중 자신의 운동법을 90일간 프로그램으로 정리했다. 그는 2013년 말 가석방 출소 후 자신의 운동법을 토대로 피트니스 사업을 벌이기로 했다. 고객을 모으기 위해 게릴라 마케팅에 나섰다. 관심을 끌기 위해 거리 한복판에서 운동을 하고, 지나가는 이들에게 전단을 나눠줬다. 자신이 사는 동네 공원에도 매일같이 운동을 나갔다. 공원에서 만난 이들에게 자신의 다이어트법을 이야기하며 운동을 가르쳐주기도 했다. 점점 자신의 운동법에 관심을 보이는 사람들이 생기자 운동 교습 모임을 만들어 돈을 받기 시작했다.

고객이 늘어나자 그는 본격적으로 사업에 나섰다. 전과자에게 선뜻 공간을 임대해주려는 이가 없었고, 가진 돈도 많지 않아 초반에는 어려움이 컸다. 스무 차례 이상 임대차 계약을 거절당한 뒤 간신히 자신이 마약을 팔던 빈민가 골목의 작은 스튜디오를 빌렸다. 스튜디오는 20명이 간신히 들어갈 만큼 좁고 어두운 공간이었지만 마르테는 이를 오히려 장점으로 이용했다. '감옥식 운동을 하는 감옥 공간'이라는 콘셉트를 마련했다. 이를 강조하기 위해 체육관 이름도 '콘바디^{ConBody}'로 지었다. 영어로 재소자를 일컫는 단어 'convict'에 몸을 뜻하는 단어 'body'를 합친 것이다. 독특한 경험을 선호하는 젊은 층이 열광하면서 사업이 점점 커졌다. 미국 할리우드 배우 등 연예인도 일대일 교습을 신청했다. 뉴욕과 캘리포니아 각지에 콘바디 체육관이 생겼다. 콘바디 체육관은 영국에도 진출했고, 미국 뉴욕 맨해튼 명품 쇼핑거리인 5번가의 삭스 피프스 애비뉴^{Saks Fifth Avenue} 건물에도 체육관을 입점시켰다. 마르테는 운동복과 운동용품, 온라인 운동프로그램 시장으로도 사업을 넓혔다. 그는 비록 부끄러운 과거지만 그 속에서 시사점을 발굴하고 이를 피트니스 비즈니스에 접목하여 혁신을 일궈낸 것이다.

조합을 기반으로 한 혁신은 비즈니스의 영역에만 국한되지 않는다. 미술에서 모든 색도 사실 빨강, 파랑, 초록이 삼원색의 조합에서 비롯되듯이 예술은 대부분의 혁신 또한 조합을 통해 이루어진다. 모든 예술에는 장르가 있고, 양식이 존재한다. 자신만 즐길 수 있는 불규칙한 음의 조합과 색의 조합을 예술이라 부르지 않는다. 대신 길을 앞서간 선배들이 형성해놓은 일정한 형식 속에 자신만이 가진 경험을 불어넣었을 때 개인의 혼이 담기고 우리는 이를 예술이라 칭한다.

네일 아티스트 오소진은 퀸스Queen's대학교에 진학해 인문학을 전공했지만 가슴 속에는 아티스트를 향한 뜨거운 열망이 있었다. 미 힙합가수 카니예 웨스트Kanye West와 스타일 관련 업무를 하며 생활을 이어갔지만 가슴 속에 아티스트를 향한 불꽃이 사그라지지 않았다. 그러던 중 상실감을 달래려 스쿠버 다이빙과 네일아트를 배우게 됐다. 스쿠버 다이빙을 하던 중 순간적으로 바닷속의 아름다움을 손톱으로 표현하고 싶다는 생각이 들었다. 그녀는 실행에 옮겼다. 바다를 표현한 그녀만의 감각을 담은 네일아트 작품은 SNS를 통해 큰 반향을 끌어냈고, 빌리 아일리시Billie Eilish, 킴 카사디안Kim Kardashian, 카일리 제너Kylie Jenner의 손톱 위에 작품을 올리게 됐다. 그녀가 아니었다면 아무도 네일아트를 통해 바다를 표현할 생각을 하지 못했을 것이다. 네일아트라는 형식 안에서 개인의 경험을 통해 예술을 펼쳤고, 그 결과 독보적이고 유일해질 수 있었다.

'아마존Amazon'은 온라인 서점으로 사업을 시작했고, 상품을 생필품으로 확장시켰다. 아마존의 창업자 제프리 프레스턴 베이조스Jeffrey Preston Bezos는 전기공학과 출신으로 수학에 능했고, 학과 친구들과 함께 월스트리트 헤지펀드^{Wall Street Hedge Fund}에 근무했다. 당시 헤지펀드의 평균 연봉은 타 산업에 비해 월등히 높았다. 그의 입장에서 평균의 길을 택한 것이다. 그러다 돌연 아마존을 창업했다. 책을 너무나 좋아했고 이를 통해 시장을 혁신하고 싶었기 때문이다. 당시 1994년은 웹비즈니스의 태동기로, 온라인상으로 책을 거래하는 비즈니스는 무주공산에 가까웠다. 그렇게 베이조스는 성공적으로 사업을 확장하였다. 그러나 아마존이 가지는 저력은 다름 아닌 베이조스 자신에게서 나왔다. 그는 본인의 재능을 살려 커머스 업계 최초로 알고리듬을 도입했고, 이를 통해 추천화·개인화 서비스를 제공했다. 다른 사람이 좋은 상품 그 자체에 대해서만 고민할 때 그는 개인에 맞는 상품을 찾아주는 알고리듬을 개발하여 이를 통해 산업의 지형 자체를 통째로 바꿀 수 있었다. 그는 해당 영역 안에서 자신이 가장 잘할 수 있는 것을 조합하여 없던 길을 만든 것이다.

'동서식품'은 2011년 국내 최초로 원두커피를 인스턴트 제품화한 '카누'를 출시해 회사를 성장시켰다. 임직원은 20대 젊은 층 사이로 원두커피가 유행처럼 번지는 것을 지켜봤다. 원두커피의 맛을 살리면서 간편하게 즐길 수 있는 방법에 대해 몰두한 결과 현재의 브랜드를 만들 수 있었다. '아모레퍼시픽'은 선크림을 꼭 튜브에 담아야 하는가에 의문을 품고 세계 최초로 쿠션 파운데이션형 선크림을 출시했다. 이들은 조합을 통해 제품을 혁신했지만 그 커피가 맛이 없고, 선크림의 효과가 떨어졌다면 사람들은 찾지 않았을 것이다. 커피와 선크림으로서의 기능성이 충족됐기에 사람들은 이 혁신을 받아들인 것이다. 이처럼 기존에 존재하던 분야의 혁신을 원한다면 누구보다 그 영역의 형식과 본질을 잘 알고 있어야만 한다.

말보로Marlboro를 생산하는 담배 회사 '필립 모리스 컴퍼니스 Philip Morris Companies Inc.'의 비전은 역설적으로 '담배 연기 없는 미래'이다. 그들 스스로가 아이코스iQOS를 개발했기 때문이다. 필립 모리스 컴퍼니스가 아이코스를 통해 시장을 혁신시킬 수 있었던 것은 누구보다 담배를 잘 알고 있었기 때문이다. 그들은 흡연의 과정을 분해했고 그중 태우는 과정을 찌는 것으로 대체시켰다.

사람들은 파격적이기만 한 것에 설득당하지 않는다. 그래서 기존의 형식을 탐구하고 분해하여 이들의 형성 원리를 머릿속에 새겨야 한다. 정통성을 계승하면서 그 위에 자신만이 가지고 있는 경험과 역량을 조합해야 한다. 사람들은 이러한 것을 참신하다고 한다. 새롭고 산뜻하다는 것이다. 정통성을 인정했기에 새로움이 이질적으로 다가오지 않고 산뜻하게 다가오는 것이다. 전통에 대한 존중이 결여된 채로 새로운 혁신은 탄생하지 않는다. 클래식이 클래식인 것에는 이유가 있고, 우리는 그 이유를 철저하게 알아야 한다. 지식이 있어야 바꿀 수 있다. 체계를 전복시키고 싶다고 해도 기존의 체계가 가진 단점을 누구보다 잘 알고 있어야 한다. 명

분과 논리가 없는 혁명은 절대로 오래가지 않는다. 전통에 대한 존중이 필요하고 이를 바탕으로 새로운 것들을 조합해야 한다. 그 조합은 혁신이라는 구체화된 형태로 세상에 나타날 것이다.

외부의 힘을 자기 것으로 흡수하라

『순자荀子』의 『권학편勸學篇』에는 이런 구절이 있다. "바람이 부는 방향으로 외치면 소리를 더 크게 낸 것도 아니지만 더욱 분명하게 들린다. 가마와 말을 빌린 사람은 발이 빨라진 것은 아니지만 천 리에 다다를 수 있고, 배와 노를 빌린 사람은 물에 익숙해지는 것은 아니지만 강과 바다를 건넌다." 순자가 이 구절을 통해서 말하고 싶은 것은 무엇이었을까. 외부의 힘을 자신의 것으로 만드는 역량이고, 현대 자본주의는 이를 레버리지Leverage라 칭한다. 레버리지는 외부에 박동하는 엄청난 힘을 자신의 품으로 끌어들여 삶의 효율을 비약적으로 증폭시키는 것이다. 외부의 힘과 역동성은 개개인의 욕망 때문에 생성된다. 그래서 우리는 타인의 욕망을 관찰하는 눈을 길러야 한다. 유튜브나 인터넷 환경에서 광고가 들끓게 되자 자체 프로그램으로 광고를 제거해주는 앱을 개발한 1인 기업은 큰돈을 벌어들였다. 이들은 광고를 지우고 싶어 하는 소비자의 욕망을 알아차린 것이다. 외부에 존재하는 욕망을 자신의 편으로 만드는 사고가 레버리지 사고며 이를 활용할 수 있는 전략을 수립해야 한다.

레버리지는 크게 두 가지로 나뉜다. 첫 번째는 생산수단 일부를 보유하는 것이다. 생산수단은 쉽게 말해 기업과 토지, 즉 주식과 부동산이다. 생산수단은 말 그대로 스스로 가치를 창출해낸다. 이들 중 일부를 소유함으로써 이들의 생산 가치 일부를 가져올 수 있다. 중국의 카카오톡이라고 부르는 '위챗WeChat'을 만든 '텐센트Tencent'의 최대 주주는 33.6퍼센트의 지분을 보유한 남아공의 미디어 회사 '네스퍼스Naspers'다. 창업자 마화텅馬化騰의 지분율은 10퍼센트에 불과하다. 2001년 중국에 방문한 네스퍼스의 CEO 쿠스 베커Koos Bekker는 텐센트의 가능성에 주목해 350억 원을 투자했고 현재 이 가치는 수백조 원에 달한다. 손정의 또한 '알리바바Alibaba'를 통해 2천 배가 넘는 수익률을 올렸다. 이들은 이 회사에서 일하지 않았다. 그저 자신의 안목을 믿고 자본을 투입하여 기다린 것이다. 이를 통해 텐센트와 알리바바 임직원의 성장 의지와 노동력을 자신의 것으로 흡수했다. 생산수단을 자신의 것으로 가져오기 위해 첫 번째로 필요한 것은 학습이다. 먼저 판이 돌아가는 원리를 분해하여 그 모든 것을 학습해야 한다. 그리고 누적된 학습 위에 자신의 안목을 덧대어 하나의 철학으로 완성해야 한다.

두 번째로 필요한 것은 심리적 안정감이다. 생산수단의 가치는 결코 급격하게 변하지 않는다. 부동산은 말할 나위 없고, 한 기업의 체질이 변화하기까지는 적어도 6개월의 시간이 필요하다. 그러나 우리는 매시간 주가를 확인하며 불안해한다. 변동적인 것에 격렬하게 반응하는 도파민 때문이다. 그래서 우리의 향상 욕구를 배출해줄 노동 소득이 필요하다. 본인 스스로 생산수단이 돼 가치를 창출하는 과정을 통해 보람을 느끼고 심리적 안정감을 찾는다. 동시에 내면의 시간 흐름도 세상의 변화 사이클에 맞게 늦춰지며 조화를 이룬다. 그렇게 현대사회에서 노동 소득과 자본 소득 간에 자신만의 적정 비율을 찾고, 단단한 자신만의 안목을 구축해야 한다. 생산수단은 우리가 오롯이 통제할 수 없기에 단단하지 않으면 이내 흔들리고 휩쓸리게 된다. 그래서 철저한 학습과 안정감이 필요하다.

레버리지의 또 다른 차원은 사람을 이용하는 것이다. 조직이 확장하기 위해서는 인력이 필요하고, 개인 사업을 한다고 하더라도 일감이 많아지면 외주업체에 일의 일부를 위임해야 한다. 개인이 모든 것을 할 수 없기에 결국 시스템의 힘을 빌려야 한다. 현대사회에서 시스템 설계 역량은 가장 고차원의 능력 중 하나다. 거대한 부를 얻기 위해서는 시스템을 설계하거나 존재하는 시스템 안에서 최고가 돼야 한다. 그러나 전자의 방법이 한 차원 더 고차원적인 성공 방정식에 해당한다. 시스템 설계를 통해 본인뿐 아니라 자신이 설계한 시스템 속 구성원 모두가 자신의 가치를 올려주는 방향으로 활발하게 움직여주기 때문이다. 유튜버들이 개인의 욕망을 위해 콘텐츠를 무한대로 공급하지만 결국 가장 수

혜를 입는 기업은 유튜브 사업자 '구글Google'이다. 게임 회사들이 수백억 원을 들여 양질의 게임을 공급하지만 결국 적은 리스크로 인앱 결제를 통해 막대한 돈을 벌어들이는 기업은 모바일 앱 스토어App Store를 운영하는 '애플Apple Inc.'이다. 물론 시스템을 가동하는 데 큰 노력과 실험이 필요하지만 시스템의 장점은 자동으로 작동하는 것이다. 심지어 그 작동은 개인의 생이 멎어도 이어진다. 우리도 이렇게 시스템을 구축하여 우리의 노동 자원을 폭증하여 사용해야 한다.

중요한 사실은 인생을 폭증하여 살기 위해서는 필연적으로 타인의 도움이 필요하다는 것이다. 그러나 상대의 상황을 고려하지 않고 강압적으로 밀어붙이는 것은 착취이다. 착취는 오래가지 못한다. 그래서 타인을 자신의 영역으로 끌어들이는 데 가장 합리적인 선택지가 되도록 노력해야 한다. 그리고 그들의 욕망이 움직이는 방향을 관찰해야 한다. 그들의 욕망과 나의 욕망의 교집합을 찾아내고 이를 시스템으로 구체화해야 한다. 플랫폼 형성에 가장 중요한 것은 참여자의 경제적 유인을 자극하는 것이다. 기업들은 자신들의 플랫폼이 참여자에게 기회 자체가 되기 위해 시스템을 날카롭게 다듬었다. 무엇보다 중요한 것은 참여자는 상호 간 기회가 증가하기 때문에 그런 플랫폼에 대부분 만족한다는 사실이다.

사람의 중심에 서기 위해서는 뚜렷한 기준을 갖고 공정한 태도를 보여야 한다. 팝아트의 거장 앤디 워홀Andy Warhol에게는 수백 명의 조수가 있었다고 한다. 그가 만약 특정 조수를 지나치게 편애하거나 독선적인 태도로 사람을 내쳤다면 조수들은 그를 위해 열심히 일하지 않았을 것이다. 매뉴얼, 선언문 등의 표준화된 장치를 이용하여 일정 형식을 갖추고 그것에 따라 결정하고 판단해야 한다. 사람들은 나약한 한 개인보다는 시스템 자체를 더욱 쉽게 믿기 때문이다. 뚜렷한 비전을 제시하고 이를 구성원에게 설득시킨 기업은 창업자가 세상을 떠나도 다음 세대로 이어진다. 일론 머스크Elon Musk는 화성에 이주해 정착하여 살아가는 풍경이 스페이스XSpaceX를 통해 자기 세대 안에서 이루어지리라고 생각하지 않는다. 그는 폭죽을 쏘아 올리고 다음 주자가 그 일을 하기를 기대하는 것이다. 명문화된 비전과 이것의 공유 그리고 이를 세계로 전파하는 일은 기업이 예술의 경지에 이르는 유일한 방법이다. 스티브 잡스가 떠나도 애플은 우리의 주머니 속에서 살아 숨 쉬고 있다.

레버리지를 이용하는 데 필요한 것은 시대에 대한 안목과 개념 설계 역량 그리고 실행력이다. 그러나 이런 것들이 없이도 가장 쉽게 레버리지를 활용하는 법이 있다. 그것은 바로 선하고 친절한 좋은 사람이 되는 것이다. 많은 시간을 타인에게 소비하지 못하더라도 만나는 사람들을 친절한 미소로 따뜻하게 대한다면 그들은 언젠가 나에게 도움을 주게 된다. 그래서 친절이 항상 타인을 대할 때의 기본값이 돼야 한다. 권력이라는 것도 타인이 우리의 손에 쥐여주는 것이다. 스스로가 그럴 만한 자격이 있는 사람인지 자문해보고 기준점에 도달하기 위해 노력해야 한다.

맹자孟子는 "지극히 진실하다면 남을 움직이지 못한 경우가 없다"라고 했다. 개인이 인생을 살다 보면 자연스럽게 수만 명의 행동과 표정을 관찰하고 학습하게 된다. 눈으로 담는 풍광에 비해 입으로 표현되는 양은 극히 일부다. 그래서 말투가 어눌할지언정 상대의 진심과 생각을 읽어내는 능력은 다들 예민하다. 이것이 남을 속이려 할 때 득보다는 실이 많은 이유다. 타인의 힘을 빌리고 싶다면 그들을 진심으로 대해야 한다. 우리는 공정의 감각을 타고나 그 진심 어린 기대에 부응하고 싶어 하는 본능이 있다. 공자孔子는 『논어論語』에서 "진실로 나를 써주는 이가 있다면 일 년만에라도 기강을 잡을 것이고, 삼 년이면 반드시 뭔가를 이루어낼 것이다"라고 말했다.

꽤 많은 시간 동안 타인을 관찰하며 지내지만 초점은 상대의 약점 혹은 결점에 집중돼있다. 무리 사회에서부터 종족을 존속시키기 위해 구성원의 사회적 정보, 특히 부정적인 정보를 공유하는 문화가 형성됐기 때문에 현대에서도 그저 본능에 충실한 것이다. 그렇기에 더더욱 타인의 강점을 인정하고 존중하는 자들의 가치는 올라가게 됐다. 『논어』의 제12편 『안연顔淵』에는 이런 구절이 있다. "군자는 남의 좋은 점은 충분히 발휘되도록 하고 남의 나쁜 점은 발휘되지 않도록 하지만, 소인은 그 반대다." 우리는 군자와 같이 타인의 좋은 점을 충분히 발휘되도록 하는 감각을 길러야 한다. 그것이 레버리지의 핵심이다. 생산수단의 경우도 남이 주목하지 못하는 주식과 부동산의 강점을 알아내는 것이 투자의 기본이다. 모든 일에 진심 어린 태도로 타인을 대하고 그들의 가치를 인정하고 독려해준다면 그들의 강점을 나의 것으로 흡수할 수 있다. 그것이 두 배, 세 배를 넘어 열 배의 인생을 사는 가장 쉬운 방법이다.

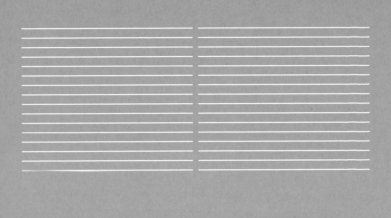

땅을 평평하게 하기 위해 한 삼태기의 흙을 갖다 부어도
일이 진전됐다면 그것은 내가 진보한 것이다.

  -『논어(論語)』 제9편「자한(子罕)」

Chapter 5.
인간의 향상욕 이해하기

향상욕의
어두운 면

영화 <파운더The Founder>에서 햄버거 가게를 미국의 새로운 교회로 만들겠다고 공언한 사업가 레이 크록Ray Kroc에게 기자가 물었다. "당신은 대체 언제쯤 만족하실 건가요?" 그는 이렇게 대답했다. "평생 만족하지 못할 겁니다." 뇌의 욕구는 항상 거세지만 만족은 이에 미치지 못하게 설계됐다. 그러므로 인간은 매 순간 더 나은 무언가를 끊임없이 갈구하는 존재다. 욕구하는 도파민과 만족하는 엔도르핀의 비대칭 때문에 불만족은 인간의 뇌가 갖고 있는 가장 기본 설정값이다. 반대로 표현하면, 우리는 현재보다 더 나은 무언가를 추구하며 살아가는 존재다. 요리할 때는 맛있기를 소망하고, 그림을 그릴 때는 잘 그리기를 원한다. 외모를 꾸밀 때는 현재 모습보다 조금 더 나아졌으면 하고 생각한다. 그러나 그 향상 욕구를 평판, 애정 등 우리가 통제할 수 없는 것에 접합시키거나, 애초에 향상 욕구를 해소할 대상을 찾지 못하거나, 이 시도가 크게 좌절될 때 우리는 큰 공황을 겪는다.

한국의 자살률은 OECD 국가 중 1위라고 한다. 정신의학적 관점으로 봤을 때 스스로 목숨을 끊는 사람들이라고 해서 향상 욕구가 부족한 것은 아니다. 오히려 타인과 비교하면 향상 욕구가 강한 경우가 많다. 더 나은 삶을 강하게 추구하지만 여건이 되지 않다고 판단하여 스스로 모든 것을 포기하는 것이다. 게임 캐릭터를 육성하다가 자기 뜻대로 아이템을 모으지 못한다거나 나아질 기미가 보이지 않고 잘못 키웠다고 판단될 때 우리는 캐릭터를 삭제한다. 상황이 극도로 악화하면 모든 것을 새롭게 시작하고 싶어진다. 그 강박감이 극단적 수준에 치달으면 자신의 존재마저도 리셋시킨다. 자신이 꿈꾸던 진정한 자신으로 올라갈 수 없으니 아예 자신을 지워버리는 것이다.

독일 한 항공사의 부기장 안드레아스 루비츠Andreas Lubitz는 기장이 화장실 간 사이에 조종실 문을 걸어 잠그고 추락 사고를 일으켰다. 이 사고로 루비츠 본인을 포함해 150명이 목숨을 잃었다. 끔찍한 사고 뒤 경찰은 루비츠의 주위 사람을 조사하기 시작했다. 예상과는 다르게 주위 사람은 루비츠를 좋은 사람으로 기억했고, 그의 이웃은 한결같이 그를 사랑스러운 사람이라고 증언했다. 그런 그가 왜 극단적인 사고를 일으켰을까. 루비츠는 급속히 시력 저하가 진행돼 시력 상실 상태에 이르고 있었다고 한다. 사고 몇 주 전 루비츠는 새 자동차 두 대를 사고, 여자 친구에게 "나는 언젠가 모든 시스템을 바꿔버릴 일을 할 것이고, 세상 모든 사람이 내 이름을 알게 될 것이다"라고 말했다고 한다. 다가올 실명의 두려움에 자신이 가진 모든 가능성이 거세당하는 감정을 느꼈고 마침내 스스로 자신을 지우는 잘못된 선택을 저지른 것이다.

한강 몸통 시신 사건의 범인 장대호는 무기징역을 선고받고, 평생 감옥에서 지내야 하는 상황에 지속해서 언론사에 자신이 지은 시를 편지로 보냈다. 잔인한 살인범인 그도 자신의 영향력에 대한 갈증을 떨쳐내지 못한 것이다. 연쇄살인범의 프로파일링 일지를 보면 자기 자신이 사법 시스템을 이겼다고 말하거나, 경찰들은 멍청하다고 말하거나, 피해자들을 비웃으며 승리감에 도취해있는 경우가 비일비재하다. 세상에 존재하는 모든 사람은 각자의 향상을 추구하며 살아간다. 살인범부터 성인으로 추앙받는 이들까지 모두가 가지고 있는 인간의 본능이다. 우리는 자신의 과업을 통해 우월성을 추구해야 한다. 과업을 통한 우월성 배출의 통로를 확보하지 못하면 욕망은 줄곧 공격성과 지배욕, 과시욕으로 발현돼 주변인들에게 해를 끼친다. 반대로 상대방의 향상욕을 파악하면 수많은 인간관계의 갈등을 예방할 수 있고, 관계에서 발현되는 공격성으로부터 자신을 지킬 수 있다.

미국 최악의 마피아 조직의 수장 알 카포네Al Capone는 26세에 마피아 두목이 된 이후로 자기가 속한 조직의 술을 납품받기 거부한 술집 상인을 포함한 수많은 무고한 사람들을 테러로 사살했다. 그를 고발하면 가족을 포함한 주변인까지 잔혹하게 보복을 하기 때문에 총알을 맞고 죽어가는 사람조차 범인이 알 카포네라는 말을 하지 못했다고 한다. 그런 그가 죽기 직전에 이렇게 말했다. "나는 내 인생 최고의 세월을 사람들에게 더 가벼운 즐거움을 주고 그들이 좋은 시간을 보낼 수 있도록 도와주며 보냈지만 내가 받은 것은 비난뿐이다." 그는 죽는 순간까지도 당당했다. 인간은 누구나 자신의 향상욕이 좌절되는 것을 극도로 꺼린다. 그래서 남들이 비난하면 할수록 자신을 지키기 위해 반성보다는 합리화의 논리를 가동시킨다. 데일 카네기Dale Carnegie의 『인간관계론 How to Win Friends and Influence People』에는 이런 구절이 있다. "비난으로 바꿀 수 있는 것은 아무것도 없다."

인간은 누구나 각자의 방식으로 잘나고 싶어 한다. 인간이기에 갖는 당위적인 본능이다. 이것이 건강한 방향으로 배출돼야 자신을 온전하게 지킬 수 있고, 그 속에서 궁극적인 행복을 발견할 수 있다. 그렇지 않으면 나와 주변인에게 씻을 수 없는 심각한 상처를 준다. 심리학자 아들러는 이런 말을 했다. "사람은 누구나 보통으로 있을 용기가 없어서 남들보다 특별히 잘하려고 한다. 만일 해내지 못하면 특별히 나빠지려고 한다. 비뚤어지거나 포기해버리는 것이다. 그렇게 함으로써 간단히 우월감을 손에 넣을 수 있다고 생각한다." 우리는 태어날 때부터 향상을 추구할 수밖에 없는 존재로 성장했다. 본연의 과업을 통해 우월성의 획득이 좌절될 때 자기 파멸적 행동을 가동하여 그렇게라도 돋보이고자 하는 인간성의 어두운 측면을 조명한 아들러의 말이다. 어떤 상황에서 더 나은 사람이 될 가능성이 없다고 판단할 때는 파멸의 길일지라도 택하게 된다. 예를 들어, 퇴사를 하거나 투입됐던 일에서 빠지게 되면 자신이 했던 업무가 유순히 돌아가지 않아서 뒤늦게라도 다른 사람이 내 가치를 알았으면 하고 희망한다.

　회사는 그 어떤 공간보다 향상욕의 충돌이 일어나기 쉬운 환경이다. 그로 인해 기계와도 같이 매일매일 수많은 갈등을 양산해낸다. 회사는 성장이라는 자체의 목적이 있기에 조직 특성상 개인이 가진 향상욕을 온전히 충족해줄 수 없기 때문이다. 충족되지 못하고 고여있는 개인의 향상욕은 건전하지 못한 방향으로 배출된다. 사회적 태만 현상으로 낭비되는 시간, 즉 흡연 시간, 커피챗, 메신저, 회식 등에서 개인의 향상욕를 발전적이지 못한 방향성으로 표출하기도 한다. 끊임없이 아젠다Agensda(모여서 서로 의논하거나 연구할 사항이나 주제를 나타내는 말)를 제시하거나 불필요한 이슈 메이킹을 하며 본인의 영향력을 과시하려 한다. 타인을 평가하거나 사적인 부분을 공론화하여 이를 공유하는 누군가와의 관계를 연대감으로 포장한 채 그 속에서 자신을 위안한다. 과잉된 유대감과 스스로 납득하지 못하는 상사나 선배에 대한 거짓 존경심으로 업무에 힘을 쏟는 것이 아니라 자신의 편을 만들고, 또 편에 소속되는 것에 관심을 기울인다. 고초를 겪고 있는 누군가와 자신을 다르게 여기며 선을 긋고 자신을 차별화하는 데 앞장서기도 한다. 직장 내에 꼰대라고 불리는 사람들은 향상욕을 실현할 수 있는 수단을 찾지 못해 과거와 노하우에 집착적으로 높은 가치를 부여한다. 이렇게 배출되는 향상욕이 만나 수많은 인간관계의 갈등을 양산한다. 그래서 조직이라는 공간이 인생에서 차지하는 비중이 클수록 자기 내면의 향상욕을 통제하고, 타인의 향상욕을 파악하는 능력이 필요하다.

심리학자이자 철학자인 윌리엄 제임스William James는 "인간의 가장 뿌리 깊은 본능은 누군가로부터 간절히 인정받고 싶어 하는 것이다"라고 말했다. 니체는 "인간을 발견할 때마다 나는 권력의 의지를 함께 발견한다"라고 말했다. 모종의 영향력을 발휘하고 싶어 하는 것은 가장 기본적인 인간의 욕구다. 그래서 인터넷 상에서 공격을 일삼는 다수는 고립되고 위축된 개인인 경우가 많다. 그들은 자기 존재의 증명을 위해 인터넷이라는 공간에서 안간힘을 쓰는 것이다. 그러나 향상욕을 이런 방식으로 사용한다면 결핍과 갈증을 해소할 수 없다. 향상욕의 지향점은 타인과의 관계가 아닌 바로 자신 본연의 과업이다.

1968년 멕시코 올림픽에서 400미터 허들 금메달을 딴 영국의 데이비드 헤머리David Hamery는 다양한 분야의 운동선수들을 조사했다. 이 결과 정상급 선수들의 약 90퍼센트는 자신을 내향적인 사람으로 정의했다. 스스로 외향적인 성격이라고 정의하는 선수는 단 6퍼센트뿐이었다. 『콰이어트Quite』라는 책에 따르면 141명의 학생을 대상으로 20개 과목의 지식수준을 조사했더니 모든 과목에서 내향적인 학생이 앞섰다. 심리학자 미하이 칙센트미하이Mihaly Csikszentmihalyi는 예술, 과학, 기업, 정부 분야에서 창의성이 뛰어난 91명을 1990년에서 1995년까지 연구한 결과, 대다수가 외톨이나 다름없는 청소년기를 보냈으며 호기심이 남달랐고 하고 싶은 것에 놀라운 집중력을 발휘했다. 그들은 타인과의 관계성 속에서 매몰되지 않고 자기 본연의 과업에 오롯이 시간을 투자하였다.

미국 사회학자 마크 그라노베터Mark Granovetter는 약한 유대관계의 중요성을 강조했다. 좋은 기회를 소개해주는 사람은 가까운 친구나 친지가 아니라 인사 정도만 하고 지내는 수준의 지인이라는 것이다. 많은 시간을 타인에게 투자한 채 막연하고 허황된 기대를 하고 그 관계 속에서만 무엇을 얻고자 하는 사람들이 있다. 그러나 결국 자기 과업에 대한 경쟁력을 키우면 심리학을 잘 아는 친구, 트렌드에 대한 지식이 남다른 친구, 건강 지식이 많은 친구 등 타인의 시선에서 볼 때 자신만의 특색이 생긴다. 이러한 특색이 생기면 많은 사람과 적은 비용으로 짧은 시간에 다양한 유대관계를 맺고 그 속에서 기회를 발굴할 수 있게 된다. 그러나 특색조차 만들지 않고 관계성 속에서 무언가를 쟁취하려는 시도는 허사로 돌아갈 확률이 높다. 결국 우리가 먼저 해야 할 것은 과업에 대한 내공을 키우는 것이다. 자신이 변화하면 관계 또한 그것에 맞게 긍정적인 방향으로 변화한다. 자신은 그대로 둔 채 관계가 자신에게 유리하게 흘러가길 바라는 염원은 무위로 그칠 가능성이 크다. 삶의 혁신을 이끌 수 있는 열쇠는 자신 안에 있고, 그 열쇠를 쥐고 나은 삶의 문을 여는 주체는 자기 자신인 것이다.

르네 데카르트René Descartes는 『방법서설Discourse on Method』에서 이렇게 말했다. "머리가 좋다고 해서 다가 아니다. 가장 중요한 것은 그것을 제대로 사용하는 것이다. 머리가 좋으면 최고의 선뿐만 아니라 최고의 악을 실현할 수도 있다. 옳은 길로 천천히 나아가는 사람은 서두르다가 길을 잃는 사람보다 더 멀리 갈 수 있다." 같은 향상욕이라도 사람의 태도와 마음가짐에 따라 파멸을 초래할 수도, 성장의 동력이 될 수도 있다. 그래서 우리는 성장에 대한 욕구가 건전한 방향으로 배출되도록 의식하고 노력해야 한다. 로마의 현제 마르쿠스 아우렐리우스는 "지금 내 영혼을 어디에 사용하는 것인가에 대해 항상 의문을 가져야 한다"라고 말했다. 그래서 우리는 메타 사고를 통해 '세계는 어떻게 변화하고 있는가', '그 속에서 내가 무엇을 잘할 수 있는가', '그것이 가치 있는 일인가', 이 세 가지를 판단하고 정의 내려야 한다. 그리고 그 판단을 믿고 자신이 가진 혼을 쏟아부어야 한다. 불만족이 우리 뇌의 기본값이지만 만족을 유도하는 엔도르핀은 탄생의 순간과 죽음의 순간에 가파르게 치솟는다. 이는 삶이 주어짐에 감사하고, 그 삶을 통해 각자의 몫대로 세상을 바꾸며, 후회 없이 눈을 감으라는 신의 뜻일 것이다.

과업과 향상욕의
관계

스티브 잡스는 이렇게 말했다. "아름다운 서랍장을 만드는 목수는 서랍장 뒤쪽이 보이지 않는다고 싸구려 합판을 쓰지 않는다. 우리는 끝까지 아름다움과 품위를 추구해야 한다." 자신의 과업에 집중을 기울이는 사람은 본인이 가진 완성의 척도를 따라 서랍장 뒤쪽에도 고급 합판을 사용할 것이다. 그러나 타인의 시선에 의해 움직이는 사람은 서랍장 뒤를 소홀하기 쉽고 언젠가 그 조악함을 들키게 될 것이다. 미켈란젤로 부오나로티^{Michelangelo Buonarroti}의 말처럼 "작은 것이 완벽을 만들지만, 완벽은 절대 작은 것이 아니다." 타인의 시선을 연료로 삼는 사람은 눈에 보이는 부분만 신경 쓰느라 작은 것을 놓치기 쉽다.

공자의 『논어』에는 "제 무능함을 걱정하나 남이 알아주지 않음을 염려하지 말라"라는 구절이 있다. 자신이 해야만 하는 일, 즉

자신의 정체성에 근거하여 과업에 온전히 몰입하는 사람은 서랍
장 뒤쪽까지 신경을 쓰느라 타인의 시선에 주의력을 뺏기지 않는
다. 타석에 들어서는 타자는 꼭 홈런을 치겠다고 배트를 휘두르
지 않는다. 그저 날아오는 공과 손에 쥔 배트에만 온 정신을 기울
일 뿐이다. 쓸데없는 감정의 소모가 없으니 집중력은 더 높아진
다. 이런 과업을 향한 집착적 향상심은 한 끗 차이로 나타나 경쟁
자보다 한 계단 위에 서게 해준다. 이에 따라 타인의 좋은 평가는
자연스럽게 따라와 결핍됐던 인정 욕구 또한 간편하게 메워진다.
과업 중심적 태도를 통해 선순환을 이룩해야 하는 이유는 그것이
야말로 삶이라는 자원을 가장 효율적으로 사용할 수 있는 방법이
기 때문이다.

일론 머스크는 자신의 과업인 창업을 하기 전 실패에 대한 두
려움을 제거하기 위해 일명 '하루 1달러 프로젝트'를 진행했다. 머
스크는 대형 마트에서 냉동 핫도그와 오렌지 30달러어치를 사
서 컴퓨터를 끼고 한 달 동안 그것만 먹으며 생활했다. 스스로 돈
이 없는 바닥의 삶 속으로 밀어 넣어 실패에 대한 두려움을 이겨
내려고 한 것이다. 한 달을 지내보니 지낼 만했고 그 뒤로 '망해도
한 달에 30달러는 벌겠지'라는 생각으로 용감하게 자신의 꿈인
사업에 집중했다.

이토록 괴짜인 그는 유년 시절 친부의 학대에 시달렸고, 현재
도 아스퍼거^{Asperger} 증후군을 앓고 있다. 이 질환에 걸리면 다른

사람의 신체 언어와 표정, 목소리 톤을 잘 이해하지 못하므로 사회적 스킬과 공감 능력이 저하된다. 머스크가 트위터에 꾸준히 이상한 글을 올리는 것도 그의 글을 읽고 다른 사람들이 어떻게 느낄지를 예측하는 공감 능력이 상대적으로 부족하기 때문이다. 머스크는 사회적 신호에 대한 둔감성을 외골수처럼 일을 파고드는 집중력으로 활용해 성과를 이뤘다. 페이스북의 초기 투자자면서 『제로 투 원Zero to One』의 저자인 피터 틸Peter Thiel은 MBA 학위에 대해 비판적이지만 아스퍼거 증후군에 대해서는 긍정적이었다. MBA 출신들은 매우 외향적이어서 업계 사람들과 어울려 '집단사고'에 빠질 위험이 크기 때문에 혁신과 멀어진다는 것이 그 이유다. 즉, MBA 출신들은 서로가 서로에게 평균의 삶을 주입할 우려가 있다는 것이다.

사람과의 관계성 속에서 자신의 향상욕을 발현시키려는 시도는 반드시 실패로 그칠 수밖에 없다. 사람은 누구나 자기중심적인 성향을 지니고 있고, 타인을 인정하고 존중하는 데 삶의 큰 에너지를 사용하지 않기 때문이다. 그저 서로가 서로의 유일성을 알아봐달라고 소리 높여 갈등하고 반목할 뿐이다. 창과 창의 대결에서 남는 것은 출혈뿐이다. 싸움닭처럼 논쟁을 일삼는 사람들이 있다. 인생 전반이 불만족스러워서 타인을 논리적으로 굴복시키고 잠깐의 우월감이라도 맛보고자 한다.

사람은 불만을 품고 태어났고 그것을 해소하기 위해 살아가는 존재다. 그러나 불만 해소의 매개를 타인과의 관계로 삼는다면 우리는 불안해질 수밖에 없다. 타인이라는 지지점 자체가 너무도 불안정하기 때문이다. 자기 자신을 온전히 존중하고 인정할 수 있는 주체는 오로지 자신뿐이다. 자기의 성취 능력을 스스로 인정하는 상태 심리학 용어로 '자기 효능감Self-Efficacy'이라고 부른다. 과업의 발전을 통해 발생하는 자기 효능감은 누구보다 자신감 있는 모습으로 만들어준다. 에드나 세인트 빈센트 밀레이Edna St. Vincent Millay라는 시인이 말했다. "나는 인류를 사랑하지만 사람은 싫어한다." 관계에서 얻을 수 있는 것에 대한 막연한 기대를 지워야 한다. 오롯이 홀로 설 수 있는 능력은 추월을 위해 가장 먼저 키워야 할 자질이다.

미국에서 해마다 열리는 아카데미상 시상식에서 가장 주목받는 상은 최우수 작품상이다. 그 반면 좀처럼 주목받지 못하는 상이 있다. 바로 편집상이다. 그러나 1981년 이후로 살펴보면 아카데미상 최우수 작품상을 받은 작품은 전부 다 편집상을 받았거나 편집상 후보로 선정됐던 작품이다. 시상식의 역사를 보더라도 최우수 작품상의 3분의 2는 편집상 후보에서 나왔다. 결국 인생이라는 작품을 우수하게 만들기 위해 중요한 것은 불필요한 부분을 도려내는 패기다.

세계 역사상 가장 위대한 발레리나 안나 파블로바Anna Pavlova는 이렇게 말했다. "멈추지 않고 하나의 목표만을 추구하는 것, 여기에 성공의 비결이 있다." 우리는 머뭇거림을 중단하고 삶의 방향성에 관한 결정을 내리고 행동에 옮겨야 한다. 결정이라는 단어 'decision'은 '자르다'라는 뜻의 라틴어 'cis'에서 파생됐다. 결국 결정이라는 것은 그 결정을 위해 불필요한 부분을 잘라내는 행위도 포함하고 있다. '자극만 추동하는 사회에서 무엇을 이뤄내고 싶은가.' 이것을 명확히 규명하고, 규명한 대상을 향해 자신의 인생을 소비해야 도파민과 엔도르핀의 비대칭 속에서 올바른 삶의 갈피를 잡을 수 있다.

아리스토텔레스Aristoteles는 세 가지의 일에 관해 말했다. 첫 번째는 이론적인 일로서 이것의 목표는 진리를 찾는 것이고, 두 번째는 실질적인 일로서 이것의 목표는 행동하는 것이다. 그리고 마지막 세 번째는 창조하는 일이다. 이 모든 행위의 주체는 다름 아닌 바로 자신이다. 아리스토텔레스는 이 세 가지 단계를 거쳐야 진정한 행복에 눈을 뜰 수 있다고 강조했다. 다시 말해 자신을 구원할 수 있는 유일한 대상은 자기 자신이며, 삶을 변화시킬 수 있는 주체 또한 자신이다.

뉴욕에서 진단의학자로 널리 이름을 알린 의사가 있었다. 그는 장티푸스를 잘 진단했는데, 환자의 혀를 만지고 그 느낌으로 정확하게 장티푸스를 진단했다. 대체로 그의 진단은 정확했다. 그러나 알고 보니 그는 장티푸스 보균자였고, 진단을 한 것이 아니라 병을 옮긴 것이다. 이 사례는 인생에서 일어나는 결과 중 가장 중요한 변수는 상황이 아니라 자기 자신이 상수라는 사실을 일깨워준다. 인생에서 자신이 가진 중대한 역할을 명확하게 인지하고 행동해야 생의 혁신은 이루어진다.

호스피스 병동의 중환자들은 자신이 원하는 삶이 아닌 다른 사람이 기대한 인생을 산 것을 후회한다. 타의에 의해 이끌려가는 삶에서 진정한 행복을 발견할 수 없다. 자신이 진정으로 수행하고자 하는 과업을 스스로 결정하고, 이를 위해 사소한 쾌락을 잘라낼 수 있어야 한다. 미국의 시인 랄프 왈도 에머슨Ralph Waldo Emerson은 이렇게 말했다. "자신의 직업에서 본질이 되는 계획에서 벗어나 여기저기 기웃거리는 바보 같은 행위는 결국 사람을 망친다." 결국 과업을 향한 온전한 집중 없이는 추월을 이룰 수 없다.

2003년 영국의 사이클 협회는 새 감독으로 데이브 브레일스퍼드David Brailsford를 영입했다. 그 당시 영국의 사이클은 형편없는 수준이었다. 1908년 이후 영국은 올림픽에서 금메달을 단 한 개 땄을 뿐이었으며, 세계에서 가장 큰 사이클 대회인 투르 드 프랑스Tour de France에서는 110년 동안 한 번도 우승하지 못했다. 유럽 최고의 사이클 제조업체 중 한 곳은 영국 선수들에게 사이클을 판매하는 것조차 거부했다. 업체의 이미지에 독이 될 수도 있다는 이유에서였다. 새로 부임한 감독인 브레일스퍼드는 선수들에게 이런 주문을 했다. "당신이 사이클을 탈 때 할 수 있는 모든 일을 잘게 쪼개서 생각해보고 딱 1퍼센트만 개선해보라. 그것이

모이면 상당한 발전을 이뤄낼 것이다." 그와 코치들은 아주 작은 일부터 하나씩 바꿔나갔다. 사이클 안장을 더욱 편안하게 디자인하고, 타이어는 접지력을 높이기 위해 알코올로 닦았다. 선수들은 전기로 체온을 올리는 오버쇼츠Overshorts를 입고 사이클을 타는 동안 이상적인 근육 온도를 유지하게 했다. 몸에 생체 감지 센서를 부착해 운동하는 동안 어떤 상황에서 어떤 생체적 반응이 일어나는지 파악했다. 또한 팀 트럭 내부를 흰색으로 칠해 세밀하게 조정된 사이클에 먼지가 들어가지 않도록 했다. 그가 영입된 후 10년간 영국 사이클 선수들은 세계선수권대회에서 178개의 메달을, 올림픽과 패럴림픽에서 66개의 금메달을, 투르 드 프랑스에서 다섯 번 우승을 하는 기염을 토했다.

철저하게 과업 중심적 사고를 통해 사소한 부분을 개선하고자 끊임없이 노력했고, 그것이 성장을 가능하게 한 것이다. 디테일에 대한 집착은 큰 업적을 낸 사람에게서 공통으로 보이는 특질이다. 미국 해밀턴Hamilton 대학교의 다니엘 챔블리스Daniel Chambliss 교수는 수영선수의 성과를 연구한 논문 『탁월함의 일상성』에서 위대한 선수와 좋은 선수를 가르는 차이는 재능과 훈련의 양이 아닌 태도에 있다고 밝혔다. 다른 선수가 꺼리는 세세한 부분에서 즐거움을 찾고 과정을 꾸준히 개선하는 자세가 위대한 선수를 만든다는 것이다.

NBA 농구선수 케빈 듀란트Kevin Durant 는 인터뷰에서 혼자 동작을 연습하고 그 동작을 하나하나 세밀하게 다듬는 데 연습 시간의 70퍼센트를 사용한다고 했다. 위대한 저술가 벤자민 프랭클린Benjamin Franklin은 글쓰기를 독학하려고 당시 최고로 손꼽히던 잡지 <스펙테이터The Spectator>에 나오는 에세이를 시로 각색하는 훈련을 몇 년 동안 지속했다. NBA 농구 스타 브래들리 빌Bradley Beal은 농구를 혼자 익히며 스스로 일정표를 짰다. 그리고 평일 방과 후와 일요일은 3시간 30분씩 연습했고 토요일에는 8시간씩 연습했다. 다리 힘을 기르기 위해 10파운드짜리 모래주머니를 양발에 찼고, 안경 아랫부분에 종이를 붙여 드리블할 때 공이 보이지 않게 연습했다. 이들은 스스로 현실을 변주하며 온전히 과업에 집중했다. 또한 자기 과업을 향상시키는 과정에서 즐거움을 발굴하려고 무한히 노력했다. 그것은 어느새 습관이 되고, 본능적인 움직임이 돼 다른 사람과 압도적인 격차를 벌렸다.

과업에 대한 향상을 추구하는 태도는 인간의 본능을 거스르지 않는다. 오히려 인간의 뇌 구조에 상당히 친화적인 태도다. 그런데도 많은 사람이 그렇게 하지 않는 이유는 도파민 체계를 자극할 자극적 요소들이 생활 곳곳에 있었기 때문이다. 이것에 취해 과업 향상 본연의 재미를 알지 못한 채 살아가는 것이다. 오롯이 내가 통제할 수 있는 것은 투입되는 노력의 양과 질이다. 그렇지만 실리콘밸리 천재들이 설계한 휴대전화 속 가변적 보상은 과업에 대한 눈길을 빼앗아버린다. 과업 능력은 모든 인간관계와 삶의 질을 좌우하는 가장 중요한 요소다. 훌륭한 과업 수행 능력은 사회적 매력으로 작용하여 인간관계에서도 상당한 유리함을 만들어준다. 이를 통해 인간관계에 몰두하는 사람보다 더 효과적으로 성공적인 관계를 꾸려나갈 수 있다.

본인이 가장 잘할 수 있는 일을 끊임없이 개선하는 사람에게는 부와 명예, 사람 등 모든 것이 자연스럽게 따라온다. 이것이 다양한 생을 관통하는 가장 간명한 진리다. 인간은 누구나 외롭고 가변적인 것들이 제공하는 유혹은 워낙 거세다. 지극한 행복이란 의외로 먼 곳에 존재하지 않는다. 지금 잡고 있는 붓, 펜, 노트북 자판 속에 행복으로 가는 가장 확실한 길이 있다. 그것이 제공하는 즐거움을 아는 것에서 진정한 추월은 시작된다.

사람에게 필요한 것은 이것뿐이다.
지금 이 순간에 대한 명확한 판단력,
지금 이 순간에 맞는 상식적인 행동
그리고 일이 잘 돼갈 때 감사하는 태도

- 마르쿠스 아우렐리우스(Marcus Aurelius Antoninus), 『명상록(瞑想錄)』

Chapter 6.

이제는 추월할 때

추월을 위해
필요한 것

좋아하는 것에 대한 흥미

생의 혁신은 진흙 속에서 고고하게 피어나는 연꽃처럼 현실과 타협하는 수없는 고투 속에서 피어난다. 혁신은 형태를 바꾸어 끊임없이 시도하고, 무수한 시도 중에 남은 단 하나의 시도가 시장의 기호와 맞닿을 때 이루어진다. 차원이 다른 수준의 추월을 하고자 한다면 새로운 무언가를 창조해야 한다. 그 대상은 새로운 상품이 될 수도 있고, 새로운 형태의 비즈니스 모델이 될 수도 있으며, 새로운 장르의 예술이 될 수도 있다. 새로운 무엇인가를 창조한다는 것은 처음에는 고독하다. 그들의 비전에 공감해주는 이가 없기 때문이다. 그들의 창의성은 명료한 자기 확신과 고독함을 감내할 용기, 개인의 흥미와 개별적인 상황의 특수성이 조합할 때 나타난다.

스티브 잡스는 리드칼리지^{Reed College} 시절에 서체 수업에 빠져 다양한 서체를 매킨토시 컴퓨터에 적용하여 그만의 개성을 만들었다. 이처럼 비즈니스라는 영역은 각자가 가진 고유한 기호를 산업에 조합하여 혁신하거나, 처음부터 자신이 좋아하는 일에 영혼을 불어넣어 그 영역을 혁신시킬 수 있다.

캘리포니아^{University}대학교에서 시각예술을 전공한 닉 우드만^{Nick Woodman}은 1999년 온라인 프로모션 회사 '펀버그^{Funbug}'를 설립하였으나 크게 실패하고 만다. 기분 전환을 위해 호주에서 서핑 여행 중 손목에 장착할 수 있는 35밀리미터 필름 카메라를 생각하게 됐다. 여행 후 간단하게 만든 시제품은 현재까지 수백만 명이 사용하는 '고프로^{GoPro}'가 됐다. 우드만은 신문사와의 인터뷰에서 열정과 관심사가 자신을 타인과 다른 고유한 개체로 만들었고 이를 통해 성공했다고 밝혔다. 그 역시도 좋아하는 일이 가진 힘을 강조한 것이다. 그리고 그는 이렇게 인터뷰를 마무리했다. "나는 내가 할 수 있는 모든 노력을 해보지 않고 나이 들어서 후회하는 것이 두려웠다. 지금 내가 고프로의 CEO가 된 건 두려워도 멈추지 않았기 때문이다." 이 책의 주제와 정확히 일치하는 말이다.

혁신적인 사업을 일군 사람들의 면면을 보면 해당 사업군의 열성 소비자인 경우가 두드러지게 많은 것을 볼 수 있다. 그 제품군에 대한 많은 경험과 농도 깊은 기호를 가졌기에 자신과 같은 예민한 사람까지 만족시킬 수 있는 카테고리를 만들어낸 것이다. 빈티지 안경으로 일 매출 3억 원을 일으킨 '프레임 몬타나^{Frame Montana}'의 최영훈 대표는 한때 외국계 컨설팅 회사에 다녔던 직장인이었다. 그는 직장생활이 전혀 행복하지 않다고 느꼈고 회사를 나왔다. 그는 1940~1950년대의 빈티지 뿔테 안경을 모으는 취미가 있었고, 이를 통해 나름의 미적 기준도 정립했다. 그래서 '자신이 쓰고 싶은 안경을 만들자'라는 생각으로 안경 브랜드를 창업했다. 그는 이렇게 말했다. "내가 잘 아는 분야면 성공 확률이 올라가고, 좋아하는 분야면 행복감이 높아지죠. 여기서 길을 찾아야 한다고 생각해요. 잘 찾아보면 모든 산업에 이익이 발생하는 지점이 있거든요." 이처럼 자신의 기호와 과업이 일치하면 과업에 대한 학습 효율은 물론이고 온전한 집중력을 가지고 일을 수행할 수 있어 자아 존중감이 늘어나고 정서적 부분에서도 크게 유리하다.

앞서 언급한 픽사의 김재형 애니메이터가 의사라는 직업을 가졌다가 늦은 나이에 애니메이터로 대성할 수 있었던 이유는 일을 즐겼기 때문이다. 즐거워서 빨리 배울 수 있었고, 디테일에 힘을 쏟을 수 있었으며, 오랜 시간을 버티고 기다릴 수 있었다. 기호를 따르는 삶은 성공의 확률은 물론이고 행복할 확률도 동시에 높여준다. 혼란한 현실 속에서 기호는 바람직한 삶의 이정표이다.

호기심의 습관화

사람은 자신이 좋아하는 분야에 호기심을 갖고, 무수한 호기심을 해결하는 과정에서 자신만의 개성을 발현하여 성공 확률이 비약적으로 높아진다. 호기심은 도파민이 활성화되는 영역으로 알려진 곳의 연결망을 자극하여 다른 유혹 요소에 대한 도파민의 과소비를 막아주고 과업에 대한 집중력을 높인다. 또한 도파민은 기억이 해마에 보관되는 시간을 더 늘린다. 도파민이 공급되면 추적 시스템이 복측 피개로부터 일어나 채집, 탐구, 추적, 흥미, 기대를 촉발한다. 그래서 쥐들은 도파민이 터져 나오는 순간 코를 킁킁거리면서 환경을 탐색하기 시작한다.

호기심을 가지게 되면 이 호기심이 도파민 연결망을 자극하여 학습력을 높여주는 동시에 또 다른 호기심을 촉발하는 선순환이 이루어진다. 따라서 호기심이 많은 사람은 학습 욕구가 높을 뿐만 아니라 성과도 좋다. 한 조사에 따르면 미국 국립과학아카데미에는 예술 관련 취미를 가진 회원이 일반 대중과 비교해 1.5배 많다고 한다. 이 비율은 영국 왕립협회로 가면 2배로 올라가고, 노벨상 수상자들로 가면 3배로 껑충 뛴다. 이들 모두 남들보다 호기심이 왕성한 성격적 특징을 갖고 있고, 이것이 과업의 질을 향상하는 데 이바지한 것이다.

심리학자 루이스 터먼Lewis Madison Terman은 개인의 성공을 가장 잘 예측할 수 있는 지표로 IQ만 한 것이 없다고 말했다. 캘리포니아 교사들이 똑똑한 학생들을 추천하면 터먼의 조수들이 그 학생들의 IQ를 측정해 140이 넘으면 데려오는 방식으로 천 명이 넘는 대규모 천재 조직을 꾸렸다. 그리고 자신의 가설을 증명하기 위해 이 학생들의 성장을 추적했다. 터먼은 이 학생들이 특별하다는 의미에서 흰개미라고 불렀는데, 이 가설은 어느 정도 입증이 됐다. 이들 중 아메리카 과학자 인명사전에 오른 사람이 약 80명이나 됐다. 턱걸이로 이 조직에 들어간 리티라는 남학생이 있었다. 그는 가정용 백과사전을 닥치는 대로 읽었고, 집 안에서 각종 실험을 할 정도로 호기심이 왕성했다. 그의 풀 네임은 20세기 가장 영향력 있는 물리학자 리처드 파인만^{Richard Feynman}이다.

파인만은 캘리포니아 공과대학에서 안식년을 얻어 물리학 연구를 쉬던 중 그림을 배우고, 포르투갈어와 일본어로 대화하며, 마야 상형문자를 읽는 등 자신의 도파민을 여과 없이 활용하였다. 파인만의 전기를 쓴 제임스 글릭^{James Gleick}에 따르면 그는 자기의 지식이든 타인의 지식이든 기존 지식에 만족하지 않고 편견 없이 지식을 추구하는 사람이었다고 한다. 흰개미들 중 다수는 '내 재능이면 더 잘할 수 있는데' 하고 아쉬움을 느꼈지만, 파인만은 부족한 지능으로 출발하여 가장 생산적인 방식으로 활용하면서 계속 사고력을 확장해갔다. 그는 죽기 2년 전 1986년에 이런 편지를 썼다. "삶에서 진짜 신나는 일은 나를 끊임없이 테스트하면서 잠재력을 어디까지 키울 수 있는지 깨닫는 것입니다."

파인만은 코넬대학교 구내식당에서 접시를 공중에 던졌다가 다시 잡는 남자를 보았다. 그는 접시가 어떻게 저렇게 움직이는지, 접시는 어떤 방식으로 흔들리지, 그것이 접시의 회전 속도와 어떤 연관이 있는지 궁금했다. 그래서 접시의 운동을 방정식으로 만들다가 그 움직임이 전자 궤도와 닮았다는 사실을 발견했다. 마침내 유명한 '양자전기역학Quantum Electrodynamics' 이론을 만들어 노벨물리학상을 받았다. 시상식장에서 자신이 바로 이 순간 눈앞에 펼쳐진 기가 막힌 가능성을 아직 누구도 생각하지 못했을 거라고 느낄 때의 짜릿함, 오직 그 짜릿함을 맛보려고 피와 땀과 눈물 그리고 지루하고 힘든 일을 견뎠다고 말했다. 이 말을 해석해보면 그 역시도 변동 보상에 취약한 도파민의 노예임이 틀림없지만, 한 가지 중요한 건 도파민이 분비되는 영역이 그의 과업인 과학에 놀랍도록 집중됐다는 사실이다.

진화 심리학을 집대성한 찰스 다윈 또한 따개비에 관한 연구 논문을 쓸 정도로 호기심이 왕성한 과학자였다. 그는 지질학, 식물학, 조류학 등 다양한 분야에 호기심을 산재해놓았고 이를 거시적인 차원에서 조합하여 거대한 과학철학을 완성했다. 다윈은 자신이 구축하고 있는 이론에 반대되는 사실이나 관찰 사례를 접하면 공책에 기록했고, 자기 생각을 가차 없이 공격하면서 다음 모형을 떠올렸다.

약 800명을 대상으로 6개월에 한 번씩 두 차례에 걸쳐 개인의 목표를 물으며 삶을 추적한 획기적인 연구가 있었다. 설문조사를 이용해 자기 조절이나 참여를 비롯한 열 가지 특성을 측정한 결과 호기심이 목표 달성 능력을 가장 잘 예측하는 것으로 밝혀졌다. 이 조사를 실시한 12개월 동안 삶의 질을 꾸준히 높인 유일한 특성은 호기심이었다. 여기서 알아야 할 중요한 사실은 호기심이라는 감정을 우리가 의식적으로 불러일으킬 수 있다는 점이다. 따라서 자신이 행하는 과업에 무한히 호기심을 가지려 노력해야 한다. 그렇게 호기심이라는 감정이 습관화될 수 있도록 스스로 조력해야 한다.

호기심은 자신이 좋아하는 영역에 다양한 단면을 살피도록 도와준다. 호기심이 발휘되는 원인 중 하나는 잘하고 싶기 때문이다. 잘하고 싶기에 다양한 과업의 다양한 형태를 살피고, 다양한 방식으로 시도해보는 것이다. 그래서 잘하고 싶다는 의지가 깊으면 호기심 또한 자연스럽게 따라온다. 그런데도 우리는 호기심이 가진 효용을 도외시한 채 바쁜 현대사회 속에서 쳇바퀴 돌 듯이 살아간다. 호기심이라는 무기는 생각보다 강력하며 인생의 근본적인 질을 향상시킨다. 호기심이라는 감정은 과업 향상의 가장 필수적인 요소다. 자신이 하고자 하는 과업을 명확히 설정하고, 도파민을 거름 삼아 그 과업을 혁신하고 싶다는 마음을 키워야 한다. 그러면 자연히 이를 위한 방법론에 대해 지속적인 고민을 하게 될 것이다.

성공의 밑거름이 될 경험

니체는 그의 저서 『인간적인 너무나 인간적인 Human, All Too Human』 에서 이렇게 말했다. "사고를 한 방향으로 모아 모든 것을 소재로 활용하여 자신과 타인의 내면을 부단히 관찰하고, 어디에서나 본보기와 자극을 찾아내며, 지칠 줄 모르고 자신의 방식으로 결합하는 사람은 위대한 업적을 이룬다." 마이클 크라이튼 Michael Crichton은 글을 써서 생계를 유지하는 작가가 거의 없다는 것을 깨달은 뒤 하버드 Harvard 대학교 의대를 졸업한 후 뒤늦게야 글을 쓰기 시작했다. 그러나 그의 그러한 경험은 전혀 낭비가 아니었다. 자신의 의학 지식을 활용해 124번이나 에미상 후보에 오른 의학 드라마 <ER, Emergency Room>을 만들었다. 영화 <겟 아웃 Get Out>을 만든 조던 필 Jordan Peele은 코미디 대본을 쓰는 작가였다. <겟 아웃>이라는 공포 영화에서 적절한 시점에 정보를 드러내는 기술은 그가 코미디 대본을 쓸 때 터득했다고 밝혔다. 자신이 겪은 경험은 오롯이 자신의 것이기 때문에 특수하다. 이 경험을 현재 시대의 흐름에 맞게 재변형시키면 자신만의 무기가 만들어진다.

개인이 처한 상황은 특수할 수밖에 없고, 그 특별함 덕분에 생의 혁신을 위한 착상의 주된 재료가 되기도 한다. 세계 최대의 안경 쇼핑몰 '와비파커 Warby Parker'는 창업자가 700달러짜리 안경을 비행기 좌석 주머니에 놓고 내린 것을 알고 속상해하던 중에 '안경의 제조 원가는 저렴한데 왜 안경 가격은 턱없이 비쌀까'라는 고민이 동기가 되어 설립됐다. 넷플릭스는 영화 <아폴로 13^{Apollo 13}>의 비디오테이프 연체료 40달러를 내고 나서야 현재와 같은 시스템의 사업을 구상했다. 개인이 가진 경험 자원과 그들의 행동력이 결합해 혁신적인 비즈니스가 탄생한 것이다.

제임스 카메룬^{James Cameron}이 소년이었던 1960년대는 전 세계적으로 탐험 열풍이 불었고, 그 또한 심해 탐사 연구자를 꿈꿨다. 10년 뒤 그는 영화감독이 됐고, 그때의 지식을 고스란히 활용하여 해상 재난 영화인 <타이타닉^{Titanic}>을 만들었다. 무라카미 하루키^{村上春樹}는 한때 음악가를 준비했고, 서른 살까지 도쿄에서 재즈바를 운영했다. 그래서인지 그의 소설에는 음악이 꼭 나온다. 그는 음악을 통해 작품 특유의 분위기를 형성한다. 그의 첫 소설의 제목은 『바람의 노래를 들어라^{風の歌を聴け}』다. '배달의 민족' 김봉진 의장은 서울예술대학교 출신 웹디자이너였고, 그의 디자인 철학은 캐릭터와 폰트에 온전히 녹아들어서 '배민'만의 경쟁력이 됐다. 김진형 애니메이터 또한 그가 연출하던 영화에 병원 장면이 있었는데, 실제 병원과 맞지 않는 부분을 리스트로 적어 감독에게 건의했다. 그가 가진 의사로서의 경험을 활용한 것이다. 삶은 쉼표가 없는 연속선으로 존재한다. 그래서 연관이 없어 보였던 경험의 자원들이 불현듯 사용할 기회를 얻게 돼 혁신의 재료로 재탄생한다.

구찌GUCCI의 창업자 구찌오 구찌Guccio Gucci는 19세기 말 피렌체에서 밀짚모자를 팔던 부모님의 사업이 망하자 고향을 떠나 런던의 사보이Savoy호텔에 취직했다. 당시 사보이 호텔은 빅토리아 시대 영국 상류사회의 중심지로, 명망 있는 가문의 문장과 이름을 새긴 가죽 트렁크와 여행용 가방이 호텔 로비에 가득했다. 구찌오는 호텔에 오는 사람들이 부와 취향을 과시하는 소지품을 항상 갖고 다닌다는 사실을 기억했다. 이탈리아로 돌아온 구찌오는 피렌체 최고의 명품 거리와 가까운 곳에 '발리제리아 구찌오 구찌Valizeria Guccio Gucci'를 열고 그의 브랜드를 각인한 가죽 가방과 여행용 가방을 팔아 큰 성공을 거두었다. 사보이 호텔에서의 경험과 그곳에서 얻은 통찰력이 성공에 거름이 된 것이다. 경험에 대해 열린 마음과 의지의 결합은 이토록 중요하다. 물론 행동이 선행돼야 변화가 이루어진다. 그 전에 자기만 갖고 있는 대체할 수 없는 개인적 경험은 의지를 발현시킬 목적어가 될 수 있다.

거동이 불편한 장애인, 과민성대장증후군 환자와 치매 노인이 요양병원에서 사용하는 웨어러블Wearable 배변 알리미 기기인 '디프리D-Free'가 있다. 미국에서 유학 생활을 하던 일본인 니카니시 아츠시中西敦는 변을 잘 참지 못하는 체질이라 화장실에 가기도 전 실례한 경험에서 탄생했다. 'IDNID'는 경매를 통해 쥬얼리를 일대일로 판매하는 플랫폼이다. 조슈아 오페르만Joshua Opperman이 약혼 3개월 만에 파혼한 후 약혼반지를 샀던 보석상에 되팔려고

갔다가 살 때보다 5분의 1 가격으로 책정된 것에 실망한 개인적 경험에서 출발했다. '우버Uber' 또한 트레비스 칼라닉Travis Kalanick 이 택시를 잡기 위해 30분을 기다린 경험에서 출발했다. 개인의 모든 시간은 진공 속에서 존재하지 않기에 모든 순간에 인사이트 Insight와 콘텐츠가 도사리고 있다. 이를 애정 어린 시선으로 바라 보는 순간 나와 타인의 생을 바꿀 위대한 추월이 탄생할 확률은 비약적으로 올라갈 것이다.

추월의
지렛대 역할을 하는 것

타인과 자극으로부터의 고립

진정한 공감에 대한 허황한 기대를 안고 타인에게 의존하며 생을 소진하는 사람을 볼 수 있다. 쇼펜하우어^{Schopenhauer}의 말처럼 많은 사람이 군중 한가운데서 자신의 목소리를 들어달라고 외치며 자신의 유일성을 이해받고 싶어 하지만 사람들은 개인의 목소리를 기대만큼 귀 기울이지 않는다. 자기의 처지에서 설득의 과정만 끊임없이 이어지는 것이다.

천재 수학자 블레즈 파스칼^{Blaise Pascal}은 "인류의 모든 문제는 홀로 방 안에 조용히 앉아있지 못하는 무능함에서 비롯된다"라고 말했다. 2014년 <사이언스^{Science}>지에서는 한 가지 실험을 공개했다. 실험 대상자에게 빈방에 들어가 15분 동안 생각을 하게 했다. 유일하게 방에 있는 것은 자신에게 따끔거리는 전기충격을 가할 수 있는 기계장치뿐이었다. 사전에 모든 참가자는 돈을 지불해서라도 전기충격을 피할 용의가 있다고 대답했다. 하지만 텅 빈 방에 충격기와 단 둘이 남아 딱히 할 일이 없자 남자는 67퍼센트, 여자는 25퍼센트가 자신에게 전기충격을 가했고, 심지어는 여러 번인 사람도 많았다. 사람은 생각 이상으로 무분별한 자극의 환경 속에서 자라나 혼자만의 고요를 즐길 수 있는 능력이 퇴화했다.

관계, 직장, 사업 등 많은 영역에서 권태와 불안으로 행동과 말이 과잉돼 실패가 일어나는 경우가 많다. 가만히 있어야 할 타이밍에 참지 못하고 과잉된 행동으로 일을 그르치는 이른바 '과잉형 실패'가 그것이다. 많은 투자자는 매매를 멈춰야 한다는 사실을 알고 있지만 기어코 빨강과 파랑의 점멸등 속에서 빈번히 매매를 일으켜 막대한 수업비를 지불한다. 스마트폰의 발달로 인한 자극의 과잉으로 가만히 사유하는 것이 어려운 시대이기 때문에 차분히 홀로 사유하는 자는 상대적으로 큰 힘을 갖게 된다. 그래서 파블로 피카소Pablo Picasso는 "멋진 고독이 없다면 의미 있는 작품도 없다"라고 말했다. 스탠퍼드 디자인 스쿨Stanford Design School에는 암흑의 공간이 있다. 이곳에는 창문도 없고 외부의 소음도 완전히 차단돼 방해받지 않고 무언가를 생각할 수 있게 유도한다. 더 나은 창작을 위해 선택적 고립을 제공하는 것이다.

실제로 역사상 대부분의 위대한 인물은 타인과 멀찍이 떨어져 외로이 지낸 몇 년의 시간 동안 생각의 깊이를 더해 현실로 복귀하여 큰 성취를 이루어냈다. 니콜로 마키아벨리^{Niccolò Machiavelli}는 추방령을 받아 농가에 고립됐을 때 비로소 정치적 음모로에서 벗어나 위대한 저작인 『군주론^{Il Principe}』을 써냈다. 고립은 근원적으로 보고 듣는 일상의 비좁은 담벼락에서 벗어나 거대한 사유의 광야로 인도함으로써 결이 다른 사고를 하게 해준다. 정도전은 고려 말 떠난 유배지 나주에서 민초^{民草}들의 삶을 차분히 관찰하며 조선을 디자인하였다. 1608년 선조의 죽음에 책임을 물어 유배를 떠난 2년 동안 허준은 『동의보감^{東醫寶鑑}』을 집필했다.

정조가 세상을 떠나자 18년이라는 긴 시간 동안 유배를 떠났던 정약용은 그 시간에 오롯이 학문에 몰두해 조선 실학을 집대성했다. 그는 유배지에서 이렇게 적었다. "유배지에 도착해서 방에 들어가 창문을 닫고 밤낮으로 외롭게 살았다. 나에게 말 걸어주는 이 하나 없었기 때문이다. 그러나 나는 오히려 그런 상황이 고마웠다. 그래서 '이제야 책을 읽을 여유를 얻었구나' 기뻐했다." 정약용은 유배를 떠난 처연한 현실을 긍정적으로 받아들이려 노력했고, 이 마음을 바탕으로 학문에 더욱 몰했다. 하버드대학교 심리학 교수 다니엘 길버트^{Daniel Gilbert}는 "당신이 스스로 운명을 어떻게 예상하든 그 결과는 당신의 예상이 맞았다는 것을 증명해줄 것이다"라고 말했다. 만약 정약용이 유배지에서 자신의 처지를 비관하는 데 인생의 에너지를 썼다면 이 같은 성취를 이루지 못했을 것이다. 어려운 상황 속에서 의식적인 자기 긍정을 게을리하지 않았기에 고립을 연료로 삼을 수 있었던 것이다.

실직, 사업 실패, 건강상의 이유로 자신의 의지와는 상관없이 타인과 고립되는 상황에 부닥치는 경우가 있다. 그 상황 속에서 가장 중요한 것은 미래에 대한 낙관적 기대를 멈추지 않고, 내면의 목소리에 귀 기울이는 것이다. "아는 것이 힘이다"라는 말을 남긴 프랜시스 베이컨Francis Bacon은 관료로서 탄탄대로를 걷고 있던 엘리트였다. 그는 23세에 하원의원이 됐고, 46세에 법무차관, 58세에 대법관이 됐다. 그러나 인생 말년에 억울하게 뇌물 혐의를 받고 런던탑에 갇혀 옥살이를 하였다. 그는 탑에서 나온 후 생각을 바꿔 바로 정계에서 은퇴했다. 학문에 대한 갈증을 느꼈고, 일찍이 학문에 전념하지 못한 것을 아쉬워한 채 마지막 5년 동안 학문에 몰두해 위대한 저작을 남겼다.

말콤 엑스Malcolm X는 문맹에 가까운 상태에서 강도죄로 7년 형을 선고받았고, 수감 기간 동안 칸트와 스피노자Baruch de Spinoza를 읽으며 사상을 다졌다. 출소 후 명연설가가 된 그는 마틴 루터킹Martin Luther King과 흑인 운동을 이끌었다. 철학자 쇼펜하우어는 "사람은 혼자 있으면 자신의 바닥이 너무나 명확히 드러나기 때문에 자기 자신으로부터 도망치려고 누구든 만난다"라고 말했다. 역설적으로 누구도 만날 수 없는 상황이 됐을 때 추월자들은 자신이 가진 내면의 바닥을 확인하고 단단한 내면의 토양을 다진 뒤 용수철처럼 재도약할 수 있다.

넬슨 만델라^{Nelson Mandela}는 남아프리카공화국 케이프타운^{Cape} Town에서 7킬로미터 떨어진 바다 한가운데 로벤섬^{Robben Island}에서 28년 동안 옥살이를 했다. 인종차별정책인 아파르트헤이트 Apartheid에 저항했다는 이유에서였다. 그곳에서 한 교도관은 그에게 이렇게 말했다. "당신은 반드시 이곳에서 죽을 것이오." 매일 새벽 5시 30분에 기상해 온종일 채석장에서 석회석을 캐야 했고, 큰아들의 장례식조차 참석할 수 없었던 처참한 환경 속에서도 만델라는 희망을 버리지 않았다. 그는 살기 위해 매일의 사소한 것들에 감사하며 자신의 내면을 숙성시켰다. 그리고 그는 모든 것을, 심지어 분노마저도 내려놓고 오로지 '인종차별의 철폐' 한 가지만 머릿속에 남겼다. 1990년 출소한 그는 "감옥 문을 나선 뒤에도 그들을 계속 증오한다면 여전히 감옥에 갇혀있는 것과 다를 것이 없다"라고 말하며, 자신에게 사형을 선고한 사람들과 오찬을 나누고 그들을 용서했다. 이후 만델라의 관용에 감화받은 대중을 이끌고 남아프리카공화국의 대통령이 됐다. 세상과 단절되는 극단적인 상황 속에서 그 시간을 미움과 증오, 원망으로 채우는 사람과 반대로 긍정적인 요소를 발굴해 생각의 깊이를 더하는 자는 그 시간이 추월의 원동력이 된다.

자극으로 가득 찬 현대사회에서 고독과 마주하여 홀로 설 수 있는 것이 핵심 능력으로 주목받는다. 그래서 많은 선지자가 일상의 쳇바퀴에서 잠시 벗어나 명상과 고요 속에서 고립을 자처하기도 한다. 극단적인 예로 『사피엔스』의 저자 유발 하라리와 트위터의 창업자 잭 도시는 모든 연락을 차단하고 해마다 동굴에 들어가 며칠 동안 명상을 즐긴다. 빌 게이츠는 생각 주간이라는 독서 휴가 시간을 따로 만들어 한 주간은 연락을 차단한 채 오롯이 독서와 생각만을 즐긴다. 그런 그는 300억 원이 넘는 거금을 들여 레오나르도 다빈치Leonardo da Vinci가 남긴 노트를 구매하고, 가장 좋아하는 도서로 『손자병법』을 꼽을 정도로 인문학을 즐기며, 인문학이 없었다면 컴퓨터와 자신도 없었을 것이라고 말했다. 스티브 잡스는 소크라테스Socrates와 점심 식사를 할 수 있다면 회사가 가진 모든 기술을 다 내놓겠다고 말했다. 리드칼리지 시절에 접한 플라톤Platon과 호메로스Homeros, 카프카Franz Kafka에 이르는 인문 고전 독서 프로그램이 애플 컴퓨터를 만든 결정적인 힘이라고 밝혔다. 페이스북의 창업자 마크 저커버그의 취미는 그리스·로마 고전을 원전으로 읽는 것이다.

근래 인문학의 효용이 주목받는 이유는 그 시대에 쓰인 글들은 생각에만 몰두하는 것을 환희하는 분위기에서 쓰인, 직업적으로 생각과 저술에만 몰두하는 천재 철학자들의 농도 있는 저작이기 때문이다. 결국 이 난해한 글들은 독자 스스로 생각하게끔 유도하여 생각의 근력을 키워준다. 그래서 인문학은 우리에게 폭넓은 사유를 유도한다. 진정한 혁신을 원한다면 자극과 단절된 고립 속에서 사유의 힘을 키워야 한다. 실리콘밸리 거대 기업의 CEO들의 절반 이상은 아침 루틴으로 휴대전화를 확인하지 않고 명상을 하며 보낸다.

나이키의 창업자 필 나이트는 자신의 사업 초기를 회상하며 이렇게 말했다. "벤처캐피탈^{Venture Capital, VC} 같은 것은 없다. 가슴 부푼 젊은 사업가가 기댈 곳은 없었다. 혹시 있다고 해도 상상력이라고는 눈곱만큼도 없는 리스크 회피적인 문지기들이 지키고 있었다. 바로 은행가들 말이다." 이때 비하면 현재는 유동성이 넘쳐나고, 가능성만 보고 투자하는 벤처캐피탈이 즐비하며, 각종 매체와 통신기기의 발달로 대중을 포섭하기 쉬운 환경을 살고 있다. 현재는 역사적으로 유례없이 사업과 예술을 하기 좋은 환경이다. 그만큼 생각이라는 자원의 가치가 올라가고 있다. 선발주자들이 관계와 지위에 심취해 혁신에 대한 노력을 게을리할 때 조용히 내면의 힘을 다듬은 추월자들은 끝내 혁신을 이룩한다. 타인의 통치에서 벗어나 오롯이 스스로 힘으로 생각을 하는 습관은 강력한 추월의 지렛대가 된다.

선택적 인간관계

그리스 선박왕 아리스토틀 오나시스^{Aristotle Onassis}는 가난했던 젊은 시절에 부자들이 주로 가는 사우나에서 목욕 관리사로 일했다. 부자들에게 친절하고 호의적으로 대하며 그들과 가까이 지냈고, 부자들의 언어와 몸가짐, 마음가짐을 자연스럽게 익혔다. 좋은 옷을 빼입고 부자들이 가는 고급 식당에서 식사를 하며, 그들의 내면을 배우고 교류하면서 자신을 변화하여 결국 최고의 부자가 됐다.

우리는 어쩔 수 없이 주위의 관계에서 큰 영향을 받는다. 빌 게이츠는 시애틀 외곽의 레이크사이드^{Lakeside} 중등학교에서 꿈을 키웠는데, 이 학교는 전 세계에 몇 되지 않는 컴퓨터가 있는 학교였다. 이 학교의 깨어있는 과학 교사였던 빌 두걸^{Bill Dougall}은 레이크사이드 어머니회에 자선바자 수익금 3천 달러로 컴퓨터를 구입할 것을 강하게 요청했기 때문이다. 근처의 대학원조차 빌 게이츠가 중학교 2학년 때 사용한 것과 같은 첨단 컴퓨터를 갖고 있지 않았다. 그러므로 빌 게이츠는 컴퓨터의 세계에 더욱 깊숙이 빠져들 수 있었다. 2005년 빌 게이츠는 이 학교 졸업식에서 이렇게 말했다. "만약 레이크사이드 중등학교가 없었다면 마이크로소프트는 없었을 겁니다." 그 역시 우연한 기회에 좋은 환경에 있었기에 압도적으로 성장할 계기를 마련할 수 있었던 것이다.

환경이 그만큼 중요하다면 우리가 행해야 할 유일한 선택지는 우리가 속한 환경을 삶에 유리하도록 주체적으로 조정하는 것이다. 특히 인간관계에서도 그렇다. 우리는 무의식적으로 주변인의 행동을 모방하고 습관을 공유한다. 그래서 반드시 고립을 기본 전제로 하여 삶에 유익함을 가져다줄 수 있는 사람과 선택적이고 집중적인 인간관계를 맺어야 한다.

32년간 1만 2천 명을 추적한 한 연구에 따르면 친구가 비만일 때 본인이 비만이 될 확률은 57퍼센트나 증가했다. 또 다른 연구에서는 애인이나 배우자가 살을 뺐을 때 상대 역시 그 시기의 약 3분의 1 동안 체중을 감량한 것으로 나타났다. 우주비행사 마이크 마시미노Mike Massimino는 비행사가 되기 전 MIT를 졸업하고 소규모 로보틱스 수업에 참여했는데, 그 수업을 듣는 사람 열 명 중 네 명이 우주비행사가 됐다. 이와 유사하게, 11세나 12세 때 가장 친한 친구의 IQ가 높으면 그 사람 역시 15세 무렵에 IQ가 높아진다는 연구가 있다. 타고난 지능과 상관없이 우리는 주변 사람의 자질과 행동을 흡수하고 있다.

용산공원 미군기지 부대 근처의 이태원 문나이트Moon Night는 처음에는 주한 미군을 대상으로 영업하였으나, 1980년대 중반부터 내국인의 출입을 허용하면서 춤꾼들의 아지트가 됐다. 이곳을 거쳐 셀 수 없이 많은 사람이 가수로 데뷔했다. 양현석, 현진영, 구준엽, 강원래, 이현도, 김성재, 유영진, 박철우, 박남정 등 당대에 춤을 좋아하던 젊은이들은 이곳에 모여 꿈을 공유했고, 서로의 실력을 다듬어가며 걸출한 댄스 가수로 거듭난 것이다.

한편 카이스트KAIST 전산학과는 창업가의 요람으로 손꼽힌다. '넥슨NEXON'의 김정주 대표, '네이버NAVER'의 이해진 회장, '배틀그라운드'를 만든 '크래프톤'의 장병규 의장, '네오위즈NEOWIZ'의 신승우 창업자까지 IT업계에 수많은 인사들이 이곳을 거쳐 갔다. 먼저 길을 개척한 선배는 후배의 롤모델이 됐고, 그들 스스로 본보기가 돼 실패를 두려워하지 않고 시도하는 문화를 확산시켰다.

이처럼 인간은 주위 환경에 쉽게 영향을 받는 존재이기에 더욱더 자신의 의지로 바람직한 방향의 관계를 디자인해야 한다. 우리의 관계에서 롤모델, 멘토, 꿈을 공유하는 자들을 우선순위에 올려야 하는 것이다. 시간이라는 자원은 한정적이기 때문에 자신에게 시너지Synergy를 불러일으킬 사람을 가까이 두어야 한다. 우리는 진화론적으로 발달한 손실 회피 성향으로 노력이 헛되이 쓰이는 것을 경계한다. 그러나 집단 내 롤모델이 미리 개척해놓은 길을 보고 자신의 노력이 헛되지 않으리라는 믿음을 갖게 되며, 이를 통해 두려움, 불안감과 같은 심적 기회비용을 줄여 과업의 능률을 월등히 올릴 수 있다.

혁신을 위해서는 시도가 선행돼야 하는데, 이 새로운 시도는 필연적으로 두려움을 동반한다. 두려움은 그 감정을 촉발하는 것에 대해 잘 알지 못할 때 그 정도에 비례하여 폭증하는 성향을 보인다. 만약 상대와 싸워야 한다면 상대가 가진 무기가 칼인지 총인지 맨주먹인지 모를 때 우리는 두려워하고 그 싸움을 피할 것이다. 그러나 롤모델과 멘토는 먼저 이 싸움에 치열하게 응하고 승리를 거둔 자들이다. 그들은 싸움에서 이기는 법을 전수할 것이며, 자신이 가진 시행착오를 데이터화하여 알려줄 것이다. 우리는 그 정보에 대한 값으로 존경을 지불해야 한다. 그 존경으로 말미암아 그들은 우리에게 더 큰 가르침을 주게 된다.

마이클 잭슨Michael Jackson은 자신의 유언장에 자녀들이 성인이 되기 전에 자신이 죽을 경우 유산 관리 자격 및 자녀들의 양육권을 행사할 사람으로 어머니인 캐서린Katherine Jackson을 지정했다. 만약 캐서린이 이를 사양할 경우 다이애나 로스Diana Ross가 맡을 것으로 지정하여 화제가 됐다. 팝의 여왕 다이애나 로스는 어린 마이클 잭슨에게 음악적 조언을 아끼지 않았으며, 그가 세계 최고의 팝스타로 성장하는 데 거름이 됐다. 그녀는 먼저 스타의 길을 걸어간 선배로서 잭슨에게 음악과 삶에 대한 노하우를 여과 없이 이식해주었고, 잭슨은 그녀에게 존경을 표한 것이다. 저스틴 팀버레이크 또한 그의 멘토인 프로듀서 맥스 마틴에게서 결과가 잘못되는 것을 두려워하지 않고 곡 작업을 계속하는 태도를 배웠다. 이를 통해 팀버레이크는 수많은 명곡을 탄생시켰다.

선택적 연대의 핵심은 자신을 긍정적으로 바라보는 사람들과 밀도 있는 관계를 맺는 것이다. 1966년 하버드대학교 사회심리학 교수인 로버트 로젠탈Robert Rosenthal은 한 가지 실험을 진행했다. 한 무리의 쥐를 A, B조로 나누고 실험자에게 A조의 쥐를 건네며 "특별히 똑똑한 쥐들이니 훈련을 잘 시켜야 한다"라고 일러두었다. 다른 실험자에게는 B조의 쥐를 건네며 '지능이 평범한 쥐들'이라고 설명했다. 사실 그 쥐들은 무작위로 선별됐다. A조를 맡은 실험자들은 쥐가 똑똑하다고 확신했기 때문에 섬세하게 훈련을 시켜 미로 통과 테스트를 수월하게 통과했고, B조의 쥐는 평범한 수준을 벗어나지 못했다.

로젠탈 교수는 이 실험을 확장하여 1968년 한 초등학교 1학년부터 6학년 중 세 개 학급의 학생들을 대상으로 지능지수 검사를 했다. 언어 능력, 추리 능력과 관련된 테스트를 한 후 특별히 IQ가 높은 학생들을 칭찬하고 그들의 명단을 교장과 담당 교사에게 건넸다. 그러면서 실험의 정확성을 위해 끝까지 비밀을 지켜달라고 당부했다. 로젠탈 교수는 8개월 후 그 학교에 찾아가 다시 지능지수 검사를 했다. 검사 결과 명단에 속한 학생들의 성적은 크게 향상됐고, 다방면으로 우수한 지표를 보여주었다. 명단은 무작위 선출의 결과였지만 교사들의 기대는 감정, 말, 행동을 통해 학생들에게 무의식적으로 전달된 것이다. 기대 덕에 학생들의 수업 참여도는 높아졌고 자신감과 자긍심이 올라가 빠른 성적 향상으로 이어졌다. 훗날 기대와 칭찬이 능력을 유발하는 이러한 현상을 '로젠탈 효과Rosenthal Effect'라고 명명했다.

자신을 긍정적으로 바라보는 이들의 기대는 무의식에 스며들어 우리의 인생을 변화시킨다. 리더십 분야의 세계적 석학 장 프랑수아 만조니Jean Francois Manzoni와 장 루이 바르수Jean Louis Barsoux는 조직 내 타인의 시선과 개인의 능률 간의 상관관계를 연구했다. 상사와 부하의 관계를 연구하던 중 아무리 일을 잘하는 직원이라도 상사로부터 일을 못한다는 의심을 받는 순간 실제로 무능해지는 현상을 발견했다. 이 현상을 구체적으로 밝혀내기 위해 15년간 3천 여 명의 사업가를 만나 직원을 무능하게 만드는 방법을 역설적으로 탐구하기 시작했다. 마침내 유능한 직원을 무능하게 만드는 방법을 밝혀냈다. 우연히 직원의 작은 실수를 포착한 상사가 직원의 능력을 의심하고, 이 과정에서 직원의 자존감과 업무 의욕이 감퇴하자 상사는 감독을 더욱 강화하게 된다. 이에 반감을 품은 직원은 상사에게 반항하고, 그 결과 예의 없고 무능한 직원으로 낙인찍히는 악순환의 고리에 빠지는 것이다. 자신의 신념과 일치하는 정보만 받아들이는 '확증적 편향'과 자기가 예언한 것을 실제 현실에서 충족되는 방향으로 행동하는 '자기 충족 예언' 현상이 유능한 직원을 단숨에 무능한 직원으로 전락시킨 것이다. 반대로 처음에 상사가 직원의 능력을 믿어주었다면 그 직원의 자존감과 의욕은 올라가고, 상사는 이 직원을 인정하게 되어 직원은 상사에게 존경과 신뢰를 보냈을 것이다. 이 결과는 우리가 노력하여 관계를 디자인해야 하는 필요성을 다시 한번 제시해준다. 주변인이 나에게 긍정적인 기대를 품으면 품을수록 우리는 성장할 것이고, 반대로 우리를 지속해서 의심한다면 급속도로 무능해질 것이다. 따라서 부정적으로 바라보는 이들과의 관계를 최소화하고 긍정적으로 바라보는 이들을 가까이에 두어야한다.

사람은 누구나 자신에게 긍정적인 기대가 투영될수록 훨씬 더 과업에 몰입하고 노력하는 경향을 보인다. 인간은 인정을 갈구하는 존재기에 타인의 기대를 충족시키고자 더욱 노력하는 것이다. 노력이 계속 일정한 수준의 성과를 보인다면 우리는 노력하면 안 될 것이 없다는 긍정적인 태도를 신념화할 것이다. 이 신념은 어떠한 상황도 헤쳐 나갈 수 있는 삶의 가장 큰 무기가 된다. 그들은 노력이 자신을 배신하지 않는다고 생각하기 때문에 끊임없이 사고하고, 시도하고, 노력하여 끝내 성과를 이룬다. 그들이 가지는 가장 큰 장점은 노력과 시도가 기회비용이라고 생각하지 않기 때문에 주저하지 않는다는 것이다.

멘토는 수많은 사람 중 자신의 가능성을 가장 크게 평가하는 소수의 사람을 뜻한다. 멘토의 존재는 자체만으로도 멘티의 삶의 질을 비약적으로 상승시킨다. 멘토는 가능성을 보이는 멘티를 곁에 두고 자기 삶의 노하우를 전수한다. 그런 방식을 통해 자신의 향상욕을 채우는 것이다. 멘티는 그들의 인프라, 노하우, 데이터를 흡수하여 멘토들이 겪었던 시행착오를 줄이고 고속 성장할 수 있게 된다. 이를 통해 멘티는 멘토의 시간을 흡수하고 자신의 시간을 증폭시킨다. 따라서 멘티는 더욱 밀도 있는 삶을 살 수 있는 것이다.

기러기 떼는 촘촘한 V자 대형을 유지하며 날아간다. 대형의 뒤쪽에서 나는 기러기는 역기류 덕분에 앞쪽에서 나는 기러기에 비해 80퍼센트의 힘만 쓰고 편하게 날아간다. 손흥민의 아버지 손웅정씨는 실패한 축구 선수였다. 자신이 겪은 실패를 그의 아들이 되풀이하지 않게 하려고 그가 가진 모든 노하우를 전수해주었다. 이러한 과정을 통해 손흥민을 세계적인 축구 선수로 키웠다. 워런 버핏Warren Buffett은 하버드대학교 경영대학원 입학을 거절당한 뒤 어쩔 수 없이 컬럼비아대학교 경영대학원에 들어갔다. 여기서 우연히 벤저민 그레이엄Benjamin Graham의 수업을 듣게 됐고, 그를 자신의 멘토로 삼기로 결심했다. 워런 버핏은 수업 중 모든 질문에 손을 번쩍 들어 올려 대답하는 적극성을 보였다. 이후 벤저민 그레이엄을 직접 찾아가 가르침을 요구했고, 이 과정을 통해 워런 버핏은 자신의 가치투자철학을 정립하여 세계적인 투자자로 거듭날 수 있었다.

나를 둘러싼 평판은 내가 통제할 수 없는 영역이지만 좋은 사람과 관계를 위한 노력은 충분히 자신이 통제할 수 있다. 먼저 다가가 자신의 진정성을 내비치고 관계 유지를 위해 최선을 다한다면, 그들은 흔쾌히 멘토가 돼줄 것이고 삶의 효율은 비약적으로 증가할 것이다.

부모와 사이가 좋지 않았던 마돈나Madonna는 오로지 춤에만 매달렸지만 그다지 주목받지 못했다. 그러다 댄스 학원에서 만난 크리스토퍼 플린Christopher Flynn은 그녀의 인생을 송두리째 바꿔놓았다. 플린은 주말마다 마돈나를 박물관과 갤러리에 데리고 다니며 예술적 감각을 끌어올렸고, 끊임없이 칭찬하며 자존감을 올려주었다. 마돈나는 그에 대해 이렇게 말했다. "나를 처음으로 믿어준 사람, 나를 특별하게 만들어주었습니다." 마돈나가 추는 보깅 댄스는 성소수자였던 플린을 위한 춤이기도 하다.

　우리가 멘토로 여기고자 하는 사람들의 사회성에는 관성이 붙어있어 웃는 낯으로 진정성 있게 다가오는 누군가에게 대체로 취약하다. 사소한 배려와 노력에도 단시간에 마음의 문을 활짝 열고야 만다. 마음의 문을 열게 된 연대자 혹은 멘토는 이해관계를 초탈하여 상대를 지지하고 격려한다. 이들과 관계를 맺기 위한 노력은 인생이라는 유한한 자원 앞에 둔 최고의 투자다. 반대로 자신의 존재와 가능성을 지속해서 부정하는 이들은 우리 삶에서 멀리해야 한다. 그들은 자신의 의견이 옳다는 것을 증명하기 위해 지속해서 부정적인 태도를 보이며 이를 우리의 무의식에 주입할 것이기 때문이다. 적절한 고립을 자초하고 자신을 긍정적으로 바라보는 사람과의 밀도 있는 교제는 추월을 향한 단단한 대지를 만들어줄 것이다.

상상한 것을 현실로(심상화)

심상화는 마음속에 떠오르는 이미지를 글과 상상을 통해 구체화하여 자신의 무의식에 주입하는 과정이다. 오스트리아 이민자 출신 영화배우 아놀드 슈왈제네거가 어렸을 때 책상머리에 세 가지 목표가 있었다고 한다. 첫째, 나는 영화배우가 되겠다. 둘째, 나는 케네디가의 여인과 결혼하겠다. 셋째, 나는 2005년에 LA 주지사가 되겠다. 시간이 흘러 그는 <터미네이터The The Terminator>를 통해 영화배우로서 큰 성공을 거두었고, 존 F. 케네디John F. Kennedy 대통령의 조카 마리아 슈라이버Maria Shriver와 결혼했으며, 2003년에는 캘리포니아 주지사로 당선돼 어릴 적 세 가지 꿈을 모두 이루었다.

생텍쥐페리는 "배를 만들고 싶다면 그 전에 넓은 바다에 대한 동경을 가져야 한다"라고 말했다. 넓은 바다에 대한 구체적인 이미지를 가지고 있는 인부는 이를 지지대 삼아가며 작업에 몰두한다. 자기 손으로 만들고 있는 이 배가 대서양을 가르며 순항하는 모습에 대한 상상은 고된 노동을 견디게 해준다. 우리는 심상화 과정을 통해 자신이 성공한 모습을 머릿속으로 시각화하고 이를 통해 자기 확신을 강화해야 한다.

월트 디즈니Walt Disney는 세계 최초로 컬러 만화와 테마파크를 만들었다. 그가 이렇게 세상에 없던 높은 차원의 시도를 지속할 수 있었던 이유는 구체적으로 상상하고 이를 굳게 믿었기 때문이다. 그는 이렇게 말했다. "우리가 꿈꿀 수 있다면 이룰 수도 있습니다. 지금 내가 이룬 이 모든 것이 지난날의 나의 꿈과 쥐 한 마리로 시작했다는 것을 잊지 마십시오." 상상력이 있는 사람은 길 없는 황무지에서 길을 그리고, 돌을 걷어내고 터를 닦아 자신이 안온하게 걸을 수 있는 길을 만든다. 된다고 강하게 믿었던 것들이 좌절됐을 때 낙담하는 감정의 비용보다 정해진 복잡한 길 위에서 지난 삶을 후회하는 것에 대한 값이 훨씬 크다.

자동차의 헤드라이트는 고작 50미터 앞밖에 비추지 못하지만 그 차를 몰고 우리는 서울에서 부산까지 간다. 지금은 눈앞에 보이는 광경밖에 볼 수 없지만, 무의식적으로 먼 거리를 갈 수 있다고 믿기 때문이다. 나아간다고 믿는 사람의 삶은 계속 나아간다. 그리고 결국 목적지에 다다른다.

젊은 날의 스티븐 스필버그는 영화학교를 졸업하고 유니버설 스튜디오Universal Studios 촬영장을 기웃거렸다. 그곳의 경영진들이 정장을 차려입고 서류 가방을 든 모습을 보고 자신도 똑같이 정장을 차려입고 정문을 통과하며 경비원들에게 인사했다. 당대 최고의 영화감독들이 현장을 지휘하는 것을 보고, 유명 영화배우와 블록버스터 영화를 제작하는 모습을 머릿속으로 그렸다. 그리고 그는 몇 년 지나지 않아 그 스튜디오에서 영화 <죠스Jaws>를 작업한다. 스필버그는 이렇게 말했다. "나는 살기 위해 꿈꾼다."

알버트 아인슈타인Albert Einstein은 "상상은 삶의 핵심이고 다가올 미래의 시사회"라고 말했다. 짐 캐리Jim Carrey는 무명 배우 시절 가난으로 노숙자 생활을 하며 다른 사람이 먹다 남긴 음식을 먹었다. 그때도 그의 주머니 속에는 1995년 추수감사절까지 100억 원을 벌겠다고 적어놓은 가짜 수표가 있었다. 정확히 5년 뒤인 1995년 <마스크The Mask>로 스타가 되었고, <배트맨 포에버Batman

Forever>의 출연료로 100억 원을 받으며 자신과의 약속을 지켰다. 몇 년 후 약속을 지킨 그는 아버지의 관 속에 어릴 적 지갑에 간직했던 100억 원짜리 가짜 수표를 넣었다.

<딜버트Dilbert>라는 만화를 탄생시킨 세계적인 만화가 스콧 애덤스Scott Adams는 젊은 시절 만화가가 되고 싶었지만 현실은 공장에서 말단 지원으로 일했다. 틈틈이 만화를 그려 신문사에 투고했으나 번번이 거절당했다. 하지만 포기하지 않고 자신의 소망을 매일 글로 썼다. 하루에 15차례씩 '나는 신문에 만화를 연재하는 유명한 만화가가 된다'는 문장을 써나갔다. 그리고 마침내 신문에 만화 연재를 시작했고 꿈을 이뤘다. 이후 다시 '나는 세계 최고의 만화가가 된다'는 새로운 꿈을 공책이 쓰기 시작했고, 오래 가지 않아 세계 최고가 됐다. 딜버트는 전 세계 2천 종의 신문에 만화를 연재했고, 미국에서는 딜버트를 주제로 한 TV 쇼가 방영됐다. 또한 그의 웹사이트는 하루 평균 방문자 수가 10만 명에 달하게 됐다. 애덤스는 그렇게 자신이 적고 상상한 대로 세계적인 스타 만화가가 됐다.

개인의 모든 성취에는 한 가지 공통 조건이 들어간다. 바로 행동이라는 요소다. 행동이 있어야 어떠한 결과든 불러일으키는 것이다. 머릿속으로 비전을 계속 그리는 자는 머릿속이 그것으로 가득하므로 다른 유혹 요소에 흔들리지 않고, 과업을 수행할 집중력을 얻는다. 이미 된다고 믿기 때문에 '이게 과연 잘 될까' 하

는 미래에 대한 두려움에서 기인한 감정적 비용 지출을 줄이고 과업에 더욱 매진할 수 있다. 인간은 특유의 손실 회피 성향으로 결과가 보장되지 않는 영역에 노력을 투입하는 것을 무의식적으로 두려워한다. 그래서 주저하게 되고 자신의 모든 것을 쏟아붓지 않는다. 그러나 된다고 믿는 사람은 자신의 모든 것을 쏟아부어 과업의 질을 향상시킨다. 이것이 불러일으킬 파급 효과를 이미 믿고 있기 때문에 걸리는 시간과 노력이 아깝지 않은 것이다. 이것이 바로 인과관계에 대한 무구한 믿음이다. 자신의 원고가 꼭 출판될 것이라고 믿는 작가와 앨범 발매를 믿는 가수는 사소한 부분에 노력을 기한다. 소비자와의 만남을 미리 가정하고 작업에 임하기 때문이다.

이미 앞에서 여러 차례 무언가를 계속하는 것이 성공의 가장 중요한 조건이며, 인간의 손실 회피 성향 또한 본능이라고 했다. 거시적인 차원에서 생각해보면 심상화를 거듭하는 사람은 그가 지속한 의식적인 작업을 관두지 못한다. 너무나도 뚜렷하게 상상하고, 이 상상을 지속했기 때문에 기대가 무너지는 것을 견디지 못한다. 그래서 그것이 현실이 될 때까지 끊임없이 도전하여 결국 상상을 현실로 만든다. 끊임없는 시도가 운과 맞닿아 생의 혁신을 이루어내는 것이다.

계속하는 사람에게 실패라는 단어는 존재하지 않는다. 형식과 모습을 바꿔 성공할 때까지 계속 도전하기 때문에 실패조차도 성공으로 가는 이정표로 삼는다. 가수 싸이는 원래 프로듀서를 꿈꿨다. 그가 쓴 곡이 팔리지 않자 '곡이 아까우니 내가 한 번 불러라도 보자'라는 마음에 가수로 데뷔하게 됐다. 『달러구트 꿈 백화점』을 쓴 작가 이미예는 자신이 쓴 소설이 '문피아^{Munpia}'에서 조회 수 20을 넘기지 않자 '내가 쓴 책을 내 선반에라도 올려놓자'는 마음으로 『달러구트 꿈 백화점』을 후원 플랫폼인 '텀블벅^{Tumblbug}'에 올렸고 이를 통해 베스트셀러 작가가 될 수 있었다.

낙관적인 미래를 강하게 믿으면 믿음대로 행동하게 되고, 이는 곧 자신의 신념이 돼 더 압도적인 추월을 만들어낸다. 인간이 가진 손실 회피 성향을 후회로 사용하지 않고, 생의 혁신을 위해 사용하는 효율적인 방법이 바로 심상화이다. 심상화를 통해 우리의 무의식이 깨어났을 때 잠재력이 최대로 발현된다. 이를 통해 현실을 바꾸는 능력은 많은 연구를 통해 입증됐다.

1979년 미국의 외딴 시골 마을에서 평균 나이 75세 남성 여덟 명을 선발하여 타임머신을 타고 20년 전 50대의 나이로 돌아간 것처럼 행동해달라고 요구했다. 그들이 지내는 공간에는 20년 전 입었던 옷과 신분증 그리고 당시 유행했던 실내 장식까지 동일하게 만들어졌다. 불과 일주일 만에 거동마저 불편했던 참가자들의 자세가 좋아졌고 악력이 세졌으며 기억력과 시력까지 향상됐다. 호텔 객실 청소부가 '헬스클럽에서 운동을 하고 있다'고 상상하고 일을 하자 헬스클럽에서 운동하는 것과 상응하는 운동 효과가 나타난 사례도 있다. 각인된 미래에 대한 구체적인 이미지는 무의식을 깨워 우리가 가진 잠재력 모두를 극도로 끌어올린다. 결국 우리는 어떤 미래를 기대하든 그 기대한 대로의 삶을 살게 된다.

우리에게는 두 가지 선택지가 있다. 미래를 끊임없이 염려하는 것 또는 자신의 낙관적 미래를 믿는 것이다. 성취를 이룬 대다수의 추월자는 후자를 택했다. 비관론자는 단연코 낙관론자를 이길 수 없다. 낙관론자의 성공 신화는 역사 속에 빼곡히 기록돼있다. 상상한 미래를 현실로 바꾸고 싶다면, 우리가 발을 딛고 서 있는 현실만큼이나 그 미래를 강하게 믿어야 한다. 믿음의 정도와 비례해 상상은 현실이 될 것이다. 그 믿음만큼 우리는 자신을 변화시킬 용기가 생기기 때문이다. 강하게 믿고, 다양하게 시도하고, 두려워하지 말고 발을 딛는 것, 추월은 거기서부터 출발한다.

자기만의 루틴을 찾아서

무라카미 하루키는 오후 9시에 취침에 들어 새벽 4시에 기상한다. 그리고 그때부터 정오까지 집중적으로 글을 쓴다. 정오부터 오후 1시까지 10킬로미터를 달리거나 150미터를 수영한다. 이후 오후 2시부터 저녁 9시까지 독서를 하거나 음악을 감상하며 휴식한다. 그는 이 루틴을 수십 년째 이어오고 있다. 기쁘거나 슬픈 감정에 제압당하지 않고 자기만의 루틴으로 하루하루 꾸준히 글을 써서 대문호가 될 수 있었다.

수영 역사상 최고의 선수인 마이클 펠프스^{Michael Phelps}는 경기 45분 전 수영복을 입고, 30분 전 워밍업 풀에 들어가 600미터에서 800미터 수영을 하며, 10분 전 대기실로 들어가 다른 선수들과 떨어져 앉는다. 앉은 자리의 한쪽에는 고글을 놓고 다른 한쪽에는 수건을 놓고 경기 시간을 기다린다. 경기 시간이 되면 출발대 앞에서 왼 다리를 먼저 스트레칭한 후 오른쪽 귀에서 이어폰을 빼내고, 이름이 호명되면 왼쪽 귀에서 이어폰을 빼낸다. 출발대에 올라서는 팔을 앞뒤로 흔들며 등 뒤에서 손뼉 치는 동작을 한다. 펠프스는 이렇게 말했다. "그냥 정해진 방식입니다. 제 방식이죠. 평생 그렇게 해왔습니다." 다수의 메달리스트는 펠프스처럼 경기 전 강박적으로 자신이 정해놓은 루틴을 꼼꼼하게 수행한다.

이처럼 루틴은 하루에 리듬을 부여하여 감정과 상황의 영향을 최소화하여 일상의 통제력을 강화한다. 또한 당위적으로 해야 할 일을 고정된 방식으로 수행함으로써 의지력과 주의력의 낭비를 막는다. 인지적 고착화 현상을 자신에게 유리한 방향으로 사용하는 것이다. 그래서 루틴은 우리를 둘러싼 환경에서 되풀이되는 문제의 안정적인 해결책이다. 심리적 부담을 느낄 만한 당위적으로 해야 할 일이라도 반복 수행하면 뇌의 회로들이 이에 맞게 재조정돼 수행을 쉽게 만들어준다. 반복 수행을 통해 어떤 일이 두뇌의 기저핵 수준으로 옮겨가면 우리는 다른 새로운 일에 관심을 집중할 수 있는 심리적 여유를 갖게 된다. 핵심적인 일을 자동으로 진행하게 만들어 온전한 집중력으로 다른 일을 적극적으로 수행할 수 있는 것이다.

세상에서 가장 유명한 토끼 '미피Miffy'를 만든 작가 딕 브루너Dick Bruna는 "자신에게 행복이란 이른 아침 자전거를 타고 작업실로 가는 길이다"라고 말하며 매일 아침 5시 30분에 일어나서 작업실을 찾았다. 작업이 잘되건 안 되건 일단 작업실에서 매일 아침 같은 시간에 펜을 들었다. 반복 수행을 통해 작업실을 방문하는 데 필요한 심리적 부담을 최소화했고, 의지력을 아껴 작업실에서 자신의 능률을 최대한도로 끌어올릴 수 있었던 것이다.

압도적인 성취를 이루어낸 다수의 사람이 가진 공통점은 그들만의 고정된 루틴이 있었다는 것이다. 성공한 사람의 스케줄을 연구해온 작가 로라 밴더캠Laura Vanderkam의 연구에 따르면 기업의 임원들 가운데 90퍼센트는 평일 아침 6시 이전에 일어나 그들만의 루틴을 시작한다고 했다. 『인생을 바꾸는 부자습관Rich Habits』 저자인 토마스 C. 콜리Thomas C. Corley는 억만장자의 50퍼센트 이상이 업무를 시작하기 이미 세 시간 전부터 일어나서 활동하기 시작한다고 했다. 그렇다면 반대로 그들은 왜 이렇게 루틴에 집착할까.

첫 번째는 루틴이 그들의 삶에 더 많은 자유를 주기 때문이다. 루틴을 흔히 자유의 대척점에 있는 고리타분한 무언가로 인식하는 경향이 있다. 그러나 정립된 루틴과 습관화된 일상의 요소들은 의지력의 낭비를 줄여 생산적인 하루를 가능하게 한다. 습관이 형성되면 뇌 활동은 감소하고 생산적인 영역에 더욱 집중력을 투자할 수 있게 된다. 우리가 하루 동안 사용할 수 있는 의지력이라는 자원은 절대 무한하지 않고 대체로 총량이 정해졌다. 심리학자 로이 바우마이스터Roy Baumeister에 따르면 모든 형태의 자발적 노력에는 정신적 에너지가 소모된다고 한다. 억지로 무엇을 해야 한다면 다음 작업에서 자기 통제력을 발휘할 의지가 줄어드는 것이다. 예를 들어, 감정이 고조되는 영화를 보면서 감정 반응을 억누르라는 요구를 받은 참가자는 악력계의 누르는 힘이 평소에 비해 형편없는 점수를 받았다. 한정된 의지력을 감정을 억누르는 데 쓰다 보니 근육 수축을 견디는 능력이 떨어진 것이다. 그래서 우리는 하루 중 반드시 해야 할 일을 반복적으로 수행함으로써 의지력을 가치 있는 곳에 쓰도록 조력할 수 있다.

습관을 반복할수록 뇌는 그 행동을 하는 데 효율적인 구조로 바뀐다. 이를 신경 과학에서 '장기적 강화'라고 부른다. 패턴화된 행동들로 인해 뇌에서 뉴런들 사이의 연결이 더욱 강화되는 것이다. 아침 일찍 일어나는 습관을 일주일 동안 한 사람과 10년 동안 해오는 사람이 있다면, 10년 동안 반복한 사람이 의지력을 거의 사용하지 않고 자신의 의도대로 하루를 시작하게 된다. 그래서 수년에 걸친 고정된 루틴을 통해 낭비될 수 있는 의지력을 아끼고, 정작 심혈을 기울여야 할 과업 수행에 의지력을 쏟아낼 수 있는 것이다. 뇌가 '우리가 지나온 길을 선호한다'는 인지적 고착화, 사용하면 사용할수록 최적화되는 장기적 강화를 우리 편으로 만드는 방법이 바로 루틴이다. 운동, 청결, 명상 등 수년간 고착화된 일상의 요소를 수행하는 기간이 길면 길수록 고착화가 심화해 우리의 의지력을 발휘하지 않고도 수월하게 해낼 수 있다.

두 번째로 루틴은 하루의 성공 가능성을 높여준다. 사소한 루틴의 성취로 하루를 예열하면, 목표 달성 확률이 올라가 하루를 더 열심히 살게 된다. 하루를 성공적으로 시작한다면 손실 회피 성향은 이 성공을 망치지 않도록 유도한다. 그래서 이 패턴을 망치기 싫어 뒤이은 일정에도 성공을 거둘 수 있도록 노력을 기울일 것이다. 반대로 하루 중 준비했던 계획이 틀어지면 하루 자체를 포기하고 싶은 경험을 한 적이 있을 것이다. 그래서 시작이 중요하다. 시인 랄프 월도 에머슨Ralph Waldo Emerson은 하루로 알 수 없는 것을 한 해가 알려준다고 말했다. 하루가 모여 그 사람의 인생이 된다. 인생은 하루라는 구성 요소로 이루어졌다. 그래서 하루를 잘 보내는 것이 성공을 위한 첫걸음이다. 사소한 루틴을 성공적으로 성취하며 하루를 시작하면, 심리가 '나는 할 수 있다'는 긍정적 고양 상태로 바뀌어 뒤이은 일에도 열정을 기울이게 된다. 하루에 일본어 단어 10개 외우기, 스쿼트 30개 하기, 책 30페이지 읽기처럼 어렵지 않은 작은 루틴으로 하루를 시작하면, 노력으로 현실을 바꿀 수 있다는 믿음이 생겨 노력을 아끼지 않게 되는 것이다. 그래서 많은 구루들은 아침 잠자리 정리하기, 팔굽혀펴기 3개 하기, 책 1페이지 읽기 등 아주 사소한 것이라도 아침 루틴으로 삼으라고 조언한다.

뉴욕New York대학교 경영학자 조슈아 루이스Joshua Lewis가 수행한 실험이 루틴의 효용성을 증명해준다. 이 실험에서는 참가자들이 키보드로 'AB'를 계속해서 입력해 5달러짜리 아마존 기프트 카드를 받을 수 있는 확률을 12퍼센트 올릴 의향이 있는지 설문했다. 60퍼센트에서 72퍼센트로 올릴 수 있는 경우보다 85퍼센트에서 97퍼센트 올릴 수 있는 경우에 훨씬 더 많은 사람이 그렇게 하겠다고 반응했다. 같은 퍼센테이지 차인데도 말이다. 사람은 본디 불안하게 태어나서 조금이라도 더 확실한 것을 추구하는 인지적 종결 욕구를 지닌 모순적 존재다. 그래서 성취가 확실시될수록 그것에 노력하는 경향을 보이는 것이다. 아침의 루틴을 통해 성공적인 하루의 성공률을 약간이라도 높이면, 그 성공을 유지하고 싶은 심리가 발동하여 오후 시간을 더 활동적으로 보낼 수 있다.

세 번째로 루틴은 즉각적인 만족감을 제공하여 절제력을 높인다. 사람들은 건강에 좋지 않다는 것을 알면서도 담배를 피우고 과식을 한다. 이러한 행동이 주는 만족감은 즉각적으로 이루어지지만 책임져야 할 결과는 나중에 일어나기 때문이다. 수렵 시대에는 절제라는 개념이 존재하지 않았다. 그저 매일의 욕구에 충실한 채 살아온 것이다. 현재 우리는 선조들의 행동 양식에서 완전히 벗어나지 못해 수많은 유혹에 휘둘리며 즉각적인 만족을 쫓는다. 이 때문에 인간은 미래의 목표를 설정해도 하루의 유혹에 휘둘리게 된다. 목표 달성이 주는 만족감은 먼 훗날의 일이기 때문이다. 그러나 루틴을 통해 과업들을 잘게 쪼개서 수행하면 성취로 인한 즉각적인 만족감을 얻을 수 있으므로 인간이 가진 본연의 단기적 만족 추구라는 약점을 상쇄할 수 있다.

　루틴은 우리의 의지력을 효율적으로 사용하도록 돕고, 하루를 성공의 온기로 예열하며, 절제력을 향상시킨다. 그래서 창작자와 기업가를 구분할 것 없이 인정받은 이들 모두가 자기 자신만의 일상의 버팀목이 있었던 것이다. 사람마다 뇌 구조가 다르기에 각자에게 맞는 루틴 또한 다르다. 우리가 가장 먼저 해야 할 일은 여러 가지 루틴을 시도해보고 시행착오를 거쳐 자신만의 인생 루틴을 찾는 것이다. 최적화된 루틴의 배합을 찾고 그에 대한 확신을 한다면 우리에게 남은 일은 그 루틴 속에 자신을 가두는 것이다. 인생은 우리가 미처 생각하지도 못한 변수로 가득해서 때로는 위기가 덮치기도 한다. 그래도 오늘 내가 해야 할 일이 있다는 사실은 크나큰 위안이다. 어떤 상황에도 차분하고 초연해져야 한다. 예측할 수 없는 것들이 꽉 들어찬 인생에서 자신의 일상만큼은 예측이 가능한 것으로 만들어야 한다. 그래야 우리는 인생에 대한 통제감을 가질 수 있다.

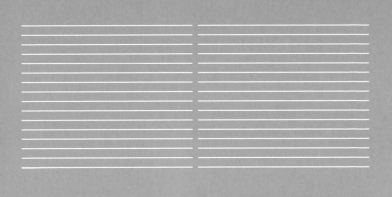

회오리바람은 내내 불지 않고,
소나기도 계속 내리지 않는다.

- 노자(老子), 『도덕경』

Chapter 7.

추월자의 탄생

성공으로 이끄는
시도의 본질

다양하게 시도하기

플로리다^{University}대학교의 제리 율스만^{Jerry N. Uelsmann} 교수는 영화 사진 수업 첫날에 학생들을 두 집단으로 나눴다. 강의실 왼쪽에 있는 학생들을 '양적 집단'이라고 이름을 붙였고, 수행한 과제의 양만으로 평가하기로 했다. 강의 마지막 날 율스만 교수는 이 학생들이 제출한 사진의 양만 평가했다. 즉, 과제 사진 100장을 제출하면 A, 90장을 제출하면 B, 80장을 제출하면 C, 이런 식으로 학점을 매겼다. 반대로 강의실 오른쪽에 있는 학생들은 '질적 집단'으로 이름을 붙였다. 이들은 과제의 질만 평가했다. 한 학기 동안 오직 한 장의 사진만 과제로 제출했는데, 사진 한 장의 질적 완성도에 따라 학점을 받았다. 그러나 정작 완성도 높은 사진들은 양적 집단에서 나왔다. 그들은 수없이 많은 사진을 찍고, 구도와 조명을 실험해보고, 다양한 인화 방법을 테스트하면서 다양한 실수를 통해 배워나갔다. 수백 장의 사진을 만들어내는 과정에서 이들은 놀라울 정도로 기술이 향상됐다. 반대로 질적 집단은 몇 장의 사진을 두고 완성도에만 매달리느라 하나의 사진을 찍기 위해 고민하는 데 많은 시간을 소비했다. 따라서 다양한 시도를 할 수 없었다. 결국 과업의 질을 끌어올린 건 고민이 아닌 행동이었다. 고민을 멈추고 일단 먼저 시작하고, 두려움 없이 다양한 시도를 해본 끝에 양적 집단은 과업의 질을 비약적으로 향상시킨 것이다. 우리는 이 한 문장을 마음에 새겨야 한다. "양적 팽창은 질적 성장으로 이어진다."

우리는 이른바 '예측 무용'의 시대를 살고 있다. 세상의 변화가 극심해서 이를 정밀하게 예측하는 것이 도무지 불가능해진 것이다. 예측 분야의 석학 UC 버클리 하스UC Berkeley Haas 경영대학원 필립 테틀록Philip Tetlock 교수는 저명한 전문가 284명의 미래 예측 2만 7,450건을 검증했으나 전문가라고 불리는 사람들의 예측이 다트를 던지는 침팬지보다 못하다고 결론 내렸다. 이렇게 예측이 의미 없어진 복잡계 사회에서 가장 주목받는 자질은 무엇일까. 그것은 다름 아닌 다양하게 시도해보는 능력이다. 완결된 시도를 하나의 포트폴리오라고 생각하고, 지나간 시도에 연연하지 않으며, 많이 시도할 수 있는 내면의 단단함이 중요하다. 직관적으로 생각했을 때 나의 시도가 어떤 결과를 불러일으킬지 섣불리 판단할 수 없다면 취할 수 있는 가장 효과적인 태도는 상처받지 않고 다양하게 시도해보아야 한다. 정말 예측이 불가능하다면 하나의 시도가 생의 혁신으로 이어질지 모르기 때문에 우리는 그저 많이 휘둘러봐야 한다. 그렇게 결국 시장의 기호와 맞닿게 되고 생의 혁신으로 이어진다.

넷플릭스의 CEO 리드 헤이스팅스Wilmot Reed Hastings Jr. 공식 석상에서 이렇게 말했다. "지금 우리 회사는 히트작의 비율이 지나치게 높습니다. 저는 더 많은 리스크를 감수해야 한다고 늘 콘텐츠 팀을 닦달합니다. 미친 프로젝트를 더 많이 시도해야 합니다. 전체적으로 엎어지는 비율이 지금보다는 높아야 해요." 그는 영화 출시를 하나의 포트폴리오 차원으로 생각했다. 우리도 시도를 일종의 투자 포트폴리오처럼 생각할 필요가 있다. 그리고 포트폴리오의 핵심은 곧 다양성이다.

짐 콜린스Jim Collins는 『성공하는 기업들의 8가지 습관Built to Last』에서 성공적인 회사의 공통점은 "수많은 계획을 시도해보고 성공한 것을 남긴다는 점"이라고 결론 내렸다. 아마존 역시 상장 이후 70건이 넘는 신규 사업을 시작했지만 그중 '파이어폰Fire Phone'을 포함한 약 3분의 1은 실패했다. 그러나 아마존의 역량은 실패를 대하는 태도에서 나타났다. 실패한 사업을 담당한 임직원을 책망하지 않았고, 지나간 실패에 미련을 두는 대신 될 만한 가능성을 보여준 소수의 신규 사업에 전폭적으로 지원했다. 현재 아마존

영업의 이익을 대부분 차지하는 '아마존 클라우드 서비스' 또한 그런 과정을 거쳐 탄생했다.

다양하게 시도하는 것의 요지는 시도를 확장하는 것에만 주안점을 두고 집중력을 뺏기는 것이 아니라 먼저 다양하게 흩뿌려서 이들의 가능성을 실험한 후 가능성을 보이는 소수의 대상에게 정성 들여 이를 거목으로 키우는 것이다. 그래서 다양하게 시도하기는 실험 정신과 메타 사고의 조합으로 스스로 편견을 끊임없이 깨부수는 과정을 뜻한다. 여기서 메타 사고는 씨앗을 뿌리기에 적합한 비옥한 토지를 고르는 과정이고, 시도는 씨앗을 고르게 뿌리는 것을 의미한다. 그래서 우리는 먼저 씨앗을 흩뿌려야 한다. 몇몇 씨앗들은 새싹을 피우기도 전에 짓밟히고 추위에 숨을 다할 것이다. 그 씨앗들에 대한 시선을 거두고 잘 자라고 있는 소수의 묘목에 물과 영양을 공급해서 이를 거목으로 키워내야 한다.

알버트 아인슈타인은 『광양자가설^{Light Quantum Hypothesis}』을 집필할 당시 스위스 베른^{Bern} 특허청의 심사관이었다. 구글의 창업자 래리 페이지^{Larry Page}는 구글이 돈을 벌 때까지 스탠퍼드대학원을 관두지 않았다. 그들 역시 그들이 가진 자원 안에서 다양한 것들을 시도했고, 가능성이 보이는 영역을 발견한 뒤 그곳에 자신이 가진 자원을 집중적으로 투자한 것이다. 지금 이 글을 쓰는 나 역시도 세상에 선보이지 못한 여러 개의 원고가 있지만, 이 하나의 글이 시장과 맞닿아 감사하게도 독자에게 읽히는 것이다.

출루율이 0퍼센트인 타자는 없으니 각자가 가진 한계와 상황에 개의치 않고 다가오는 공에 집중해 끊임없이 휘둘러야 한다. 상실감과 실패는 시도의 부산물과 같으므로 이를 자연스럽게 받아들이는 내공을 길러야 한다.

스탠퍼드대학교 교육심리학과 존 크럼볼츠John D. Krumboltz 교수는 테니스 특기생으로 대학에 입학했다. 그런데 코치의 권유로 우연히 심리학을 전공한 뒤 이 분야의 최고 권위자가 되는 행운을 거머쥔 인물이다. 2004년 미국 상담학회에서 '상담계의 살아 있는 전설 5인'으로 선정된 크럼볼츠 교수와 캘리포니아 주립대학교 새크라멘토Sacramento 캠퍼스 앨 레빈앨 레빈Al S. Levin 교수는 수많은 상담자의 사례를 분석했다. 아무리 완벽하게 진로 계획을 설정한 사람이라도 인생의 수많은 우연을 비껴갈 수 없으며, 성공한 사람은 수많은 우연에서 행운을 움켜쥔 사람들이었다는 사실을 깨닫게 된다. 성공한 사람들의 커리어 형성에 계기가 됐던 일의 약 80퍼센트가 우연에서 시작됐다는 것이다. 추월자들은 오히려 계획이 틀어지면서 다양한 우연과 겹치게 돼 결과적으로 성공한 사람으로 인정받는 것이다. 크럼볼츠 교수는 좋은 우연을 끌어들이기 위한 계획과 습관에 노력을 집중해야 한다는 '계획된 우발성 이론Planned Happenstance Theory'을 발표했다. 그리고 이 좋은 우연을 끌어들이는 핵심은 다양하고 계속적인 시도에 있다.

2007년에 장병규 의장이 설립한 '크래프톤'은 사업 초기에 그들은 메타 사고를 발휘하여 수백억 원을 투자한 MMORPG Multiplayer Online Role-Playing Game(대규모 다중 접속자 온라인 롤플레잉 게임) 대작 '테라The Exiled Realm of Arborea, TERA'를 출시했으나 처참하게 실패했다. 이 실패로 크래프톤은 현금이 메말라 장병규 의장의 개인 예금까지 담보로 잡히고 직원들 월급까지 밀릴 지경에 처했다. 이런 상황에서도 장병규 의장은 불굴의 의지로 자금을 수혈받았고, 자구책으로 모바일 게임을 출시하기 위해 다양한 소규모 회사들을 인수했다. 인수한 회사 중 '지노게임즈'가 있었고 그곳에는 김창한 프로듀서가 있었다. 그는 20년간 단 하나의 게임도 성공시키지 못한 업계의 아웃사이더였으나 마지막이라는 심정으로 맹렬하게 게임 개발에 몰입했다. 그렇게 생애 최고의 집중력을 쏟아부어 당시 시도되지 않았던 '배틀로얄' 형식의 FPS 게임을 개발했다. 김창한 PD는 이전까지 FPS 게임을 한 번도 개발한 적이 없었다. 그는 뭔가 될 것 같다는 느낌이 강하게 들었고 자신의 혼을 이 게임에 쏟아부었다. 그렇게 무수한 실패 속에서 30억 원을 들여 제작한 게임 하나는 2018년에 전 세계 모든 유료 게임 중 가장 많이 팔린 '배틀그라운드'다. 10년을 실패했으나 무수한 시도 끝에 남긴 하나의 시도가 현재의 크래프톤을 만든 것이다. 크래프톤은 처참한 실패 속에서 다양한 시도를 계속했기 때문에 지금의 성공을 만들어낼 수 있었다.

예술사학자 윌리엄 윌리스William Willis에 따르면 미켈란젤로 부오나로티^{Michelangelo Buonarroti}는 한 달에도 수십 번씩 다양한 조각을 시도하며 계획을 바꾸고 더 나아 보이는 작품으로 옮겨갔다. 그래서 그의 작품 중 5분의 3은 미완성에 그쳤지만 이 과정을 통해서 자신만의 씨앗을 뿌린 것이다. 그는 항상 시도했고 더 나은 쪽으로 이동해갔다. 미켈란젤로가 머리에 완벽한 형상을 그리고 작업을 시작했다는 세간의 속설과는 정반대였다. 그는 일단 다양하게 시도하고 그 속에서 계속해서 최선을 찾았던 것이다. 그리고 이 태도를 습관으로 만들었다. 다양한 시도 끝에 살아남은 몇 개의 작품은 대중의 기호와 맞아떨어져 수백 년간 많은 사람의 가슴 속에 남아있다. 우리가 운을 통제할 수 없다는 것은 분명한 사실이다. 그렇지만 운을 대하는 태도를 설정할 자유가 있다. 지나간 시도에 매몰 비용을 갖지 않고, 자신의 과업 내에서 최대한 다양한 시도를 계속할 수 있는 것이다.

끊임없이 시도하기

실패하는 본질적인 이유는 두 가지가 있다. 첫 번째는 과업의 질이 형편없어서고, 두 번째는 행하는 과업의 결과물이 시장에 적합하지 않아서다. 과업의 질은 관련된 시도를 많이 하면 할수록 비약적으로 상승한다. 양적 팽창이 질적 상승을 이끄는 것이다. 노력만 이어진다면 과업의 질은 필연적으로 올라간다. 그러나 두 번째처럼 시도들이 현재의 시장 상황에 적합하지 않아 흡족할 만한 결과가 나오지 않는 경우도 많다. 바로 때가 적절하지 않은 것이다. 그러나 때도 오랜 시간 멈추지 않으면 결국 맞춰지게 된다. 단순하고 간명한 진리지만 신념은 몇 번의 시도 끝에 좌절되기 쉽다. 그런데도 우리는 지속하는 것의 힘을 믿어야 한다. 히가시노 게이고도 세 번째 소설로 등단했고, J.K. 롤링이 열세 번의 투고 도전 끝에 끝내 『해리포터』를 출간하게 된 것처럼 말이다.

콘텐츠 번역 세계 1위인 '아이유노^{Iyuno}'라는 국내 기업이 있다. 이현무 대표는 원래 NASA 연구원을 꿈꾸던 공학도였다. 미국 유학을 앞두고 번역 회사에서 아르바이트를 하다가 월급이 밀리자 친구 두 명과 함께 직접 번역 회사를 차렸다. 경험을 추월의 재료로 활용한 것이다. 방송사에서 외화 번역 일감을 받아 사업을 영위했고, 자신의 코딩 능력을 살려 PC에서도 영상 번역 작업을 할 수 있는 소프트웨어를 개발했다. 그러나 당시만 해도 외화 물량이 그다지 많지 않았던 방송사의 관심을 얻지 못했고 그 결과 수십억 원의 빚을 지게 됐다. 공동 창업자도 떠났고 방송사 외주 일감도 빼앗겼다. 파산 신청을 고민하던 이 대표는 마지막 승부를 해보자는 생각으로 무작정 전 세계 방송사의 아시아 본부가 집결한 싱가포르로 떠났다. 때마침 그곳에는 넷플릭스를 비롯한 OTT^{Over The Top}(인터넷을 통해 방송 프로그램, 영화 등 미디어 콘텐츠를 제공하는 서비스) 물결이 세계에 번지고 있었고, 유수 OTT 업체들이 그의 사무실 문을 두드리기 시작했다. 그는 자신이 OTT라는 거대한 파도를 탈 수 있었던 것은 10년 넘게 그 자리에 있었기 때문이라고 했다.

지금 아무도 쳐다보지 않는다고 해서 스스로 사라지지만 않는다면 결국 누군가는 자신을 알아볼 것이다. 각자의 때는 다르다. 누군가는 그때를 일찍 맞이하는 행운을 얻기도 하고, 누군가는 고된 인내 끝에 비로소 그때를 만나게 된다. 노력을 쉼 없이 지속하면 언젠가 각자의 때는 찾아오게 된다. 때와 관련해서 우리가 취할 수 있는 행동 양식에는 세 가지가 있다. 첫 번째는 메타 사고를 가동하여 현재 상황에서 전략적으로 성공할 가능성이 큰 시도를 하는 것, 두 번째는 자신이 가진 자원 안에서 할 수 있는 다양한 시도를 일단 해보는 것 그리고 마지막 세 번째는 멈추지 않고 시도하며 각자의 때를 기다리는 것이다. 이 세 가지 방식을 모두 활용할 필요가 있지만 특히 세 번째 선택지에 주목해야 한다. 이것이야말로 성공의 본질에 가장 가깝기 때문이다. 기다릴 줄 아는 사람에게 실패는 존재하지 않는다. 그들에게 모든 위기와 고난은 성공으로 가는 여정의 일부기 때문이다.

사회 변화 속도가 빨라지면서 최적의 선택이라 믿고 도전했으나 무수한 변수들 때문에 예상과는 다른 결과가 나올 가능성이 커졌다. 그러므로 자연스럽게 세 번째 선택지의 가치가 올라가고 있다. 한 줌의 흙이라도 인생을 바쳐 계속 쌓아 올리면 결국 산을 만들고야 만다. 그리고 결국 좋은 조건을 타고나 탁월한 재능으로 산을 쌓아 올린 사람들과 같은 위치에 서게 된다. 맨손으로 산을 쌓아 올리는 과정에서 얻게 된 굳은살과 상처는 영웅적 서사의 일부가 된다. 그렇게 그들은 스스로를 영웅으로 만든다. 우리는 전략적으로, 다양하게, 꾸준하게 시도하고 어떻게든 움직여야 한다. 자전거를 탔을 때 균형을 잡기 위해서는 움직여야 하는 것처럼 인생도 이와 같아서 결국 행동을 통해 스스로 중심을 잡을 수 있다. 움직이는 사람은 어떠한 상황 속에서도 대안을 찾아낸다.

1975년 개봉하여 북미에서 처음으로 1억 달러를 넘게 벌어들인 영화 <죠스>에는 80분 동안 상어가 등장하지 않는다. 스티븐 스필버그는 막대한 제작비를 쏟아부어 상어 모형을 만들었으나 매사추세츠Massachusetts 해변의 바닷물에 의해 부식돼 작동하지 않고 망가졌다. 결국은 영화 촬영이 무산될 위기에 처했다. 하지만 포기하지 않은 스필버그는 알프레드 히치콕Alfred Hitchcock 감독의 <싸이코Psycho>를 떠올렸고, 극약 처방으로 죠스를 등장시키지 않고 음악만으로 분위기를 고조시키는 방법을 택했다. 그 전략 덕택에 특유의 긴장감으로 <죠스>는 큰 성공을 거둘 수 있었다. 이후 스필버그는 첩보물의 고유명사 <007>의 감독을 맡고자 했으나 나이가 어리다는 이유로 두 번이나 퇴짜를 맞았다. 미국판 '007 시리즈'를 찍어보자는 생각으로 <인디아나 존스Indiana Jones>를 제작하여 또 큰 성공을 거둔다. 그는 포기하지 않았고 의지를 바탕으로 끊임없이 대안을 만들었다.

일론 머스크는 '스페이스 X'를 창업하기 전 미 항공우주국으로부터 로켓을 사려 했으나 가격이 터무니없이 비싸서 어쩔 수 없이 직접 만들기로 했고, 그것이 지금의 '스페이스 X'가 됐다. 유학생들과 관광객을 연결해주는 스타트업 '마이리얼트립Myrealtrip'은 코로나19로 관광이 중지되자 현지 가이드들이 VJ처럼 라이브 영상으로 여행지를 소개해주는 랜선 여행을 개발하여 위기를 극복했다. '에어비앤비Airbnb'의 시가총액은 120조 원을 넘겨 전 세계 1, 2위 호텔 체인인 메리어트Marriott와 힐튼Hilton의 시가총액을 합친 것보다 크다. 에이비엔비의 창업자 브라이언 체스키Brian Chesky는 다니던 직장을 그만두고 대학 동창인 조 게비아Joe Gebbia와 함께 백수로 살고 있었다. 구직 활동이 길어지면서 샌프란시스코 아파트의 월세마저 밀리게 됐다. 당시 체스키의 전 재산은 천 달러로, 지불해야 할 월세가 더 많았다. 때마침 숙소 근처에 미국산업디자인학회가 열리는데, 디자이너들이 숙소를 구하지 못하는 것을 보고 눈을 번뜩였다. 그는 공기 매트리스 세 개를 구해 거실에 깔고 디자이너에게 공간을 빌려주었다. 'Air Bed and Breakfast', 곧 이것이 현재 에이비엔비의 시초가 됐다. 그는 자신의 경제 위기를 아이디어로 해결했고, 경험을 통해 세계적인 기업가로 거듭날 수 있었다. 인생은 무수한 대안의 연속이다. 뜻이 바로 서 있다면 어떠한 상황이 닥치더라도 갈 길을 스스로 만들어갈 수 있다. 그러므로 절대 포기하지 않아야 한다. 누군가가 자신을 비난하더라도 자신이 해야 할 일의 중심에서 단단히 자리하고 있어야 한다.

플라스틱은 썩지 않기 때문에 환경 파괴의 주범으로 꼽힌다. 그러나 썩지 않는다는 말은 반대로 내구성이 뛰어나다는 말로 해석할 수도 있다. 플라스틱을 버리지 않고 계속 사용한다면 결코 환경을 파괴하지 않았을 것이다. 그러나 사람들은 평균의 길을 걷고 있는 많은 사람의 시선에, 또 편견에 자신이 가진 가능성을 내다 버리고 스스로 인생을 후회로 오염시킨다. 연은 순풍이 아니라 역풍에 가장 높이 난다. 자신의 인생에 역풍이 불어닥칠지라도 포기하지 않고 계속 비행하기 위해 준비하고 노력해야만 한다.

영화를 하고 싶었던 하버드대학교 영문학도 맷 데이먼Matt Damon은 학교에 다니던 중에도 그 꿈을 이루기 위해 오디션을 보러 다녔다. 번번이 낙방했지만 그는 포기하지 않았다. 고등학생 시절 이웃에 사는 저명한 사회학자 하워드 진Howard Zinn과 깊은 대화를 나눴던 장면이 그의 머릿속 깊이 각인됐다. 하버드대학교 5학년 연극 창작 수업 과제로 짧은 희곡을 쓰기 시작했고, 친구 벤 애플렉Ben Affleck의 도움을 받아 시나리오로 완성하였다. 그러나 젊은 두 청년 배우가 쓴 시나리오에 영화사는 주목하지 않았고, 이것이 영화로 제작되기까지는 5년의 세월이 걸렸다. 그 영화의 제목은 <굿 윌 헌팅Good Will Hunting>이다. 1998년 맷 데이먼은 아카데미 시상식에서 자신의 첫 각본으로 벤 에플릭과 함께 각본상을 받으며 할리우드가 자랑하는 배우로 성장할 수 있었다. 아무도 그의 시나리오에 주목하지 않았고 부정적인 말을 뱉었으나 포기하지 않았다. 끝내 영화로 제작하여 자신 스스로 영웅이 되어 자신이 활동할 무대를 스스로 만들어내고야 말았다. 영화 속에서 숀은 윌에게 묻는다. "그래서 윌, 네가 진짜로 하고 싶은 게 뭐야?" 이는 대학생 시절 시나리오를 집필하던 맷 데이먼 자신에게 하는 질문이다. 이어 머뭇거리던 윌에게 숀은 답한다. "네 마음이 시키는 대로 하면 잘 될 거야." 맷 데이먼은 그렇게 자신의 과업을 통해 스스로 위로하고 격려했다. 하고 싶은 것을 하라고, 그것에 영혼을 바치라고 끊임없이 독려하고 위로할 수 있는 주체는 오로지 자기 자신뿐이다. 우리는 그렇게 자신의 길을 담대하게 걸어 나가야 한다.

변화에 대한
믿음

"세상은 모든 사람을 깨부수지만 많은 사람은 그렇게 부서졌던 그 자리에서 더 강해진다. 그렇게 깨지지 않았던 사람들은 죽고 만다." 헤밍웨이의 소설 『무기여 잘 있거라 A Farewell to Arms』에 나오는 구절이다. 전 세계 수십억 명의 사람들은 비슷한 듯 각기 다른 삶의 궤적을 그리고 숨을 거둔다. 여기서 한 가지 패턴을 발견할 수 있었다. 위대한 성취자 중 대다수는 처참할 정도의 실패를 겪었다는 것이다. 『노인과 바다 The Old Man and the Sea』로 노벨문학상을 수상한 헤밍웨이조차도 출판사 편집장에게서 '이런 글 실력으로는 절대 작가가 될 수 없다'는 평가를 들었다. 그런데도 의지력과 메타 사고를 가동하여 이 상황을 타개했고, 회피 동기를 거름 삼아 생의 혁신을 이루었다.

가파른 산을 직접 올라봐야 순탄한 평지의 소중함을 알고, 깊은 물에 빠져 허우적대봐야 마시는 공기의 소중함을 알듯이, 그들은 벼랑 끝에 서봤기에 자기 삶을 더욱 정성스럽게 대하기 시작했다. 위기를 통해 자신의 생의 감각을 일깨워낸 것이다. 그들은 모두 실패를 겪었기에 더욱 강해졌고, 더욱 성장했다. 실패는 더 큰 성공으로 이끄는 계기가 됐다. 그러나 많은 사람은 한 번의 실패로 자신의 인생의 색깔을 규정짓고, 잠재력을 과소평가하며, 상황과 사람에 대한 원망과 후회로 아까운 현재를 재처럼 태워버린다. 우리에게는 어떠한 상황에서도 그것을 반전시키는 힘이 있다. 빅터 프랭클이 나치 포로수용소에서 그의 심리학을 완성하였듯이 어떤 상황이라도 노력하는 태도만큼은 누구도 방해할 수 없기 때문이다.

운은 통제할 수 없지만 운을 대하는 태도는 통제할 수 있다. 청년 안상일은 사업에 실패해 타던 차와 주택청약저축, 월세 보증금까지 털어 직원들의 퇴직금을 주고 나니 빚만 8억 원에 달했다. 개인 파산의 문턱에서 빚을 갚기 위해 모텔촌 한가운데 값싼 방에서 닥치는 대로 일했고, 2013년 다시 창업에 나섰다. 스페인어로 '우연'이라는 뜻의 '아자르Azar', 지구 반대편 낯선 사람과도 동영상으로 대화할 수 있는 서비스를 만들고 글로벌 서비스를 계획했다. 우선 시장이 작은 뉴질랜드에 시험 삼아 서비스를 제공해 가능성을 타진하려 했다. 그러던 중 찰나의 조작 실수로 앱의 대상 국가를 전 세계로 지정해버렸다. 다른 나라에서 별 반응이 없었으나 대만에서는 하루에 20만 명씩 설치하며 열풍이 번졌다. 그 후 아자르는 중동, 인도를 거쳐 전 세계로 퍼졌다. 코로나19로 사회적 거리두기가 확산되면서 유럽 구글 스토어에서 '틱톡TikTok', '트위치Twitch' 같은 글로벌 소셜미디어를 제치고 다운로드 수 4위에 오르는 기염을 토했다. 그는 2021년 자신의 회사를 글로벌 데이팅 앱 '틴더Tinder'를 만든 매치 그룹Match Group Inc.에 2조 원에 매각한다. 아자르의 글로벌 성공의 이면에는 간단한 조작 실수가 있었다. 만약 그 조작 실수가 없었다면 대만이라는 타깃 국가를 발견할 수 없었을 것이다.

이렇듯 성공에는 운이라는 요소의 비중이 상당히 큰 편이다. 그렇지만 그보다 앞서 그는 사업가라는 자신의 정체성을 잊지 않고 포기하는 대신 다시 시도했다. 현재 상황에서 자신이 할 수 있는 사업을 찾았고 그곳에 혼을 불어넣었다. 그러한 태도가 결국 좋은 우연을 그의 삶으로 끌어들인 것이다. 단념하고 포기하는 사람은 결코 좋은 우연과 맞닿을 수 없다. 인생은 정교한 계획이 아니라 무수한 대안의 연속이다. 그러므로 우리는 다양한 시도를 더욱더 끊임없이 계속하며 자신의 과업과 운이 만나는 단면적을 넓히기 위해 노력해야 하는 것이다. 아마존 내 매트리스 부문에서 8년 연속 1위를 차지한 '지누스ZINUS'의 이윤재 회장은 텐트 사업을 하던 중 외환 위기 사태로 사업에 실패하고 천억 원의 빚을 지게 됐다. 그 위기 때문에 극단적인 생각을 하며 매일 울었지만 마음을 긍정적으로 바꾼 후 거짓말처럼 꼬인 실타래가 풀리기 시작했다고 했다. 그는 위기 덕분에 규모가 더 큰 가구 산업으로 진입할 수 있었고, 위기 덕분에 현재의 세계적인 기업을 일궈낼 수 있었다고 말했다.

대부분의 사람은 인생에 어둠이 드리울 때 사람과 상황과 자신의 인생을 책망하며 아까운 삶을 소진한다. 그러면서 자신의 운을 원망한다. 자기 삶으로 운을 불러들이기 위해 끊임없이 노력했는가에 반문하지 않는다. 니체는 "죽을 만큼의 시련을 나를 더 강하게 할 뿐이다"라고 말했다. 이 글과 맞닿은 누군가의 시련도 결국 자신을 더 강하게 만든 촉매제일 뿐이다. 중요한 건 자신이 처한 현실을 스스로 바꿀 수 있다는 내면화된 강한 믿음이다. 그 믿음 없이는 어떠한 시련도 극복할 수 없다. 상황이 우리를 집어삼킨다고 느껴지는 가혹한 순간들의 연속이라도 포기하지만 않는다면, 다양한 시도 끝에 각자가 가진 귀중한 운과 맞닿을 수 있다. 우리가 신호등을 지나갈 수 있는 이유는 곧 초록색 불로 바뀔 것을 믿기 때문이다. 믿으면 차분히 때를 기다릴 수 있다.

스탠퍼드대학교 심리학자 캐롤 드웩Carol Dweck은 누구도 아닌 자신의 노력으로 자신이 처한 현실을 바꿀 수 있다고 믿는 '성장형 사고방식'이 모든 성공의 가장 근본적인 필수 요소라고 주장했다. 상황과 지위에 맞춰 자신을 생각하는 '고정형 사고방식'을 지닌 자들은 항상 전체 서열에서 자신의 위치를 알고 싶어 하고 지나치게 방어적으로 행동한다. 성장형 사고방식을 지닌 사람들은 내가 주변 사람들보다 우월한 지위에 있다는 걸 증명하려 애쓰지 않고 그저 묵묵히 자신의 과업에 시간을 쏟아붓는다. 그 묵묵함이 바로 믿음이 가진 힘이다.

통제할 수 없는 것에 집착하면 인과에 대한 믿음이 흐려진다. 그리고 결국 '세상이 내 뜻대로 되지 않는구나' 하고 자책하게 된다. 반대로 끊임없이 과업의 양과 질을 개선하는 과정에서 우리는 삶을 스스로 바꿀 수 있다는 강한 믿음을 되새기게 된다. 시간이 숙성될수록 내면화된 믿음은 강하고 짙어지고 정교해진다.

이 책에서 전달하고자 하는 메시지는 간명하다. "많은 추월자가 그랬듯이 당신도 자신이 가진 운명을 충분히 바꿀 수 있다." 노력의 가치만 깨닫는다면 잠깐 닥쳐오는 어둠이 당신 삶의 전부가 아니라는 사실을 깨닫고 그 속에서 순응을 마치며 기회를 발굴하여 성과를 낼 수 있을 것이다. 주변과의 관계에서 초연하게 행동하고, 자신의 과업이 무엇인지를 규명하며, 다양하게 시도하여 글과 맞닿은 모두가 생의 추월을 이루어내기를 진심으로 기원한다. 우리는 모두 각자의 자리에서 희망의 증거가 될 수 있다. 또 그런 자질은 이미 충분하다. 이제는 움직일 때다.

우리는 치열함을 통해 진정한 자기 자신과 마주할 수 있다. 나다움이란 무엇일까. 나를 구성하는 세포와 심장, 핏줄 그것만 있다면 그것이 곧 나라고 규정할 수 있을까. 그저 가만히 앉아 생각만한다면 사고 기계를 자신으로 규정지을 수 있을까. 주변인과 사회에 어떠한 영향도 주지 못한 채 그저 숨죽인 유기체를 나라고 부를 수 있을까. 결국 나라는 사람은 세상에 표현돼야만 나로서 존재할 수 있다. 미약하든 거창하든 사회와 주변인에게 주는 파동이모여 나라는 사람이 된다. 그 파동의 질을 높이기 위해 많은 것을시도해보고, 행동을 정교하게 다듬고, 자신의 영혼을 조련하는 것이다. 자연적으로 형성됐든 신이 창조했든 나라는 인간은 도파민으로 인해 존재하는 모든 시점보다 더 발전하도록, 또 그것을 갈구하도록 빚어졌다. 이 순간에도 도파민은 현재에 만족하지 말고 더 나아가라고 끊임없이 재촉하고 있다.

인생은 대형 견과의 산책과 같다. 다리에 힘이 없고, 목표가 명확하지 않으면 이내 휘둘려 휩쓸려버린다. 과학자들은 이 대형 견을 도파민이라고 부른다. 도파민을 통제 불가능한 것들에 접촉하면 반드시 넘어지고 자신에게 상처를 입히고 만다. 그런데도 그 넘어짐조차 누군가에게는 각성의 계기가 된다. 왜 넘어졌는가를 반성하고, 어떻게 하면 일어설 수 있는가를 고민하면 그는 뛰는 법을 알게 된다. 넘어져서 좌절하던 시간이 무색하리만치 전력 질주해 타인의 선망을 한 몸에 받으며 자신이 가진 최선의 자아와 만난다. 그들은 그렇게 스스로 희망의 증거가 된다.

새삼스럽지만 나는 세상에 하나밖에 존재하지 않는 유일한 개체다. 탄생의 순간 우리의 엔도르핀은 극도로 치솟는다. 태어남에 만족하라는 신의 섭리다. 태초의 울음을 뗀 순간부터 도파민의 작용량은 엔도르핀을 뛰어넘는다. 스스로 힘으로 움직일 수 있는 순간부터 현재에 불만족하고 끊임없이 발전하며 살아가라는 신의 섭리다. 우리가 죽음과 맞닿는 순간 또 한 번 엔도르핀은 솟구친다. 생의 마지막 순간 자신의 일생을 만족하며 편안히 눈을 감으라는 신의 배려다. 그렇게 기나긴 발전의 여정은 끝이 난다. 그 순간 많은 사람이 눈물을 흘리겠지만 자신만은 미소를 지으며 신의 배려를 마음 편안히 받아들여야 한다.

때로는 부식된 감정의 찌꺼기가 악취를 풍기고, 믿었던 누군가가 나를 손가락질하는 인생의 어둠을 경험할 것이다. 어둠이 없으면 빛 또한 없다. 그래서 어둠도 빛의 일부다. 우리는 생의 어둠조차 온 힘을 다해 끌어안고 빛을 향해 달려가야 한다. 살아가고, 생각하고, 행동할 수 있다는 것은 엄청난 축복이다. 이 세 가지를 통해 나의 인생을 변화시키고, 타인의 인생을 변화시킬 수 있기 때문이다. 우리에게는 어떠한 순간에도 스스로 태도를 설정할 자유가 주어졌다. 그 자유에 책임을 다하고, 자유를 누리는 힘을 길러야 한다. 내가 오롯이 통제할 수 있는 건 나의 행동뿐이다. 그리고 그 행동의 양과 질을 극치로 끌어올려 이 세상에 나를 증명해야 한다. '내가 되고 싶은 나 자신'으로 주변인과 세상을 물들여야 한다. '내가 되고 싶은 나 자신'을 일컬어 우리는 이를 정체성이라 부른다.

지금 이 글과 맞닿은 모두는 어떠한 상황에 있든 간에 희망의 증거가 될 수 있다. 살아있고, 사고할 수 있고, 행동할 수 있기 때문이다. 이 셋을 조합하여 각자의 치열함을 만들어낼 수 있다. 과거는 이미 지나갔고 과거의 고통도 이미 지나갔다. 과거가 우리를 붙잡고 있는 것이 아니라 우리가 그 과거를 붙잡고 있는 것이다. 과거는 이미 사라졌고 미래는 아직 오지 않았다. 우리의 손아귀 속에 있는 것은 현재이다. 우리는 현재를 꽉 움켜쥐어야 한다. 그 움켜쥠이 바로 치열함이다. 치열함으로 꿈꾸는 미래를 현실로 만들어야 한다. 현재가 아름답다면 고통스러운 과거와 나를 나락으로 이끈 정교한 실패들조차 찬란한 클라이맥스를 위한 보조 장치로 바꿀 수 있다. 우리는 모두 기호와 경험, 생물학적 구조가 제각각 달라서 내부적인 원인이든 외부적인 원인이든 간에 치열함을 발휘할 수 있는 영역이 모두 다르다. 치열하고 싶고, 치열해야만 하는 영역을 빨리 찾아 자신을 내던져야 한다. 그리고 노력을 시대의 흐름에 맞게 무한히 변주해야 한다. 과거가 미련스럽고 후회될수록 더욱 치열해져야 한다. 그래야만 현재와 미래를 원하는 색깔로 칠해 인생 전반의 색깔을 내가 원하는 방향대로 바꿀 수 있다.

삶은 무수한 대안의 연속이고 휘두르기를 멈추지만 않는다면 결국 소망하던 바와 맞닿게 된다. 세상은 이미 그렇게 만들어졌고 역사 속 모든 추월자가 자신을 태워 이를 증명했다. 과거의 그들은 활자를 통해 우리의 곁에 반짝반짝 빛나고 있다. 우리가 자신의 생을 바쳐 증명한 하나의 명제를 그들의 생이 아깝지 않도록 가슴속에, 머릿속에 새기고 잊지 말아야 한다. "노력하면 언젠가 이룬다." 이 간단한 진리와 명제를 종교로 삼아야 한다. 미켈란젤로는 자신의 신에게 자신이 이룬 것보다 항상 더 많이 갈망하게 해달라고 무릎 꿇고 애절하게 기도했다. 신은 그의 음성을 들었고 맹렬하게 노력하고자 하는 그의 염원을 들어주었다.

자신의 불만족에 귀를 기울여보자. 눈을 감고 자신이 되고 싶은 모습을 구체적으로 그려보자. 그리고 현재의 자신과 최선의 자신과의 격차에 대해 아득함을 음미해보자. 아득함의 간격을 메우는 것이 앞으로 펼쳐질 평생의 과업이다. 우리는 모두 거대한 대리석으로 태어난다. 누군가는 그 대리석 자체로 생을 마감한다. 우리는 그러지 않아야 한다. 붕대를 감은 물집과 굳은살이 가득한 손으로 상상 속의 자신을 조각하고 언젠간 만나야 한다. 붕대를 풀고, 멋지게 차려입고, 그 조각을 끌어안고 눈물을 흘려야만 한다.

각자가 가진 대리석의 품질과 크기는 다르다. 남이 가진 대리석에 대한 시선을 거두고 자신의 눈앞에 펼쳐진 그 단단한 대리석을 끊임없이 내려쳐야 한다. 용광로 속에 담긴 그릇처럼 자신을 제련해야 한다. 우리는 정신을 통제할 수 있고, 정신을 통해 행동을 통제할 수 있다. 그렇게 우리는 스스로 인생을 구원하는 구원자가 될 수 있다. 그러기 위해 각자의 도(道)를 완성해나가는 수도승의 자세로 생에 임해야 한다. 우리의 인생은 누구의 것도 아닌 오롯이 자신의 것이다. 그 자유에 대한 책임감으로 스스로 인생을 밝히고, 끝내 추월을 이루어내기를 진심으로 기원한다.

도예가의 혼

- 김단

도예가의 작품은 반죽의 상태로 평가되지 않는다.

오랜 시간 공들여 구워 본연의 빛을 찾게 하고,

표면을 부드럽게 칠하고, 몇 가지 장식을 더한 뒤

그제야 도예가의 작품은 평가된다.

그러니 인생이 무르익기 전

감정 없는 감정사들의 메마른 평가에

상처받지 마라.

너와 나의 인생은 완성돼가는 중이다.

참고
문헌

프롤로그

• 데이비드 엡스타인 저, 『늦깎이 천재들의 비밀』, 이한음 역, 열린책들, 2020.

1. 실패를 타고나는 뇌

• 대니엘 Z. 리버먼·마이클 E. 롱 저, 『도파민형 인간』, 최가영 역, 쌤앤파커스, 2019.
• 데이비드 롭슨 저, 『지능의 함정』, 이창신 역, 김영사, 2020.
• 데이비드 엡스타인 저, 『늦깎이 천재들의 비밀』, 이한음 역, 열린책들, 2020.
• 모건 하우절 저, 『돈의 심리학』, 이지연 역, 인플루엔셜, 2021.
• 안데르스 한센 저, 『인스타브레인』, 김아영 역, 동양북스, 2020.

- 에나 렘키 저, 『도파민네이션』, 김두완 역, 흐름출판, 2022.
- 이기문 저, 『크래프톤 웨이』, 김영사, 2021.
- 제임스 클리어 저, 『아주 작은 습관의 힘』, 이한이 역, 비즈니스북스, 2019.
- 매일경제, <모든 일을 '음악' 하듯이 하면…세상에 없던 결과물 뚝딱>, 2021.06.10.
- 세계일보, <금연엔 '당근'보다 '채찍'이 효과 탁월…美연구팀 결론, 2015.05.14.
- 인사이트, <'센과 치이로의 행방불명' 미야자키 하야오 감독이 '귀멸의 칼날' 봤냐는 질문에 한 대답, 2021.03.04.
- 인사이트, <의대 자퇴하고 백화점서 알바하다 명품 브랜드 '아르마니' 만든 조르지오 아르마니>, 2022.04.14.
- 중앙일보, <의사 관두고 '픽사' 애니메이터 된 김재형 씨, "삶을 즐기자는 '소울' 메시지 공감했죠">, 2021.01.12.

2. 인생을 변화시키는 '각성'
- 유발 하라리 저, 『사피엔스』, 조현욱 역, 김영사, 2015.
- 토드 부크홀츠 저, 『러쉬』, 장석훈 역, 청림출판, 2012.

3. '위기'의 놀라운 힘
- 강제규·곽경택·김용화·봉준호·이명세·이순재 공저, 『창작자들』, 포레스트북스, 2020.
- 그렉 맥커운 저, 『에센셜리즘』, 김원호 역, 알에이치코리아, 2014.
- 필 나이트 저, 『슈독』, 안세민 역, 사회평론, 2016.

- 조선일보, <아시아의 디즈니 36년 로드맵, K웹툰 세계정복 절반쯤 왔다>, 2021.02.16.

4. 사고력을 확장시키는 메타 사고법
- 샤피 바칼, 『룬샷』, 이지연 역, 흐름출판, 2020.
- 안데르스 한센 저, 『인스타브레인』, 김아영 역, 동양북스, 2020.
- 에스콰이어, <왓챠의 박태훈 대표와 나뉴 콘텐츠 서비스 기업의 경쟁력과 가능성>, 2020.05.30
- 조선일보, <한국판 조앤 롤링? 삼성전자 관두고 쓴 첫 소설로 베스트셀러 1위>, 2021.01.23.

5. 인간의 향상욕 이해하기
- 그렉 맥커운 저, 『에센셜리즘』, 김원효 역, 알에이치코리아, 2014.
- 데이비드 엡스타인 저, 『늦깎이 천재들의 비밀』, 이한음 역, 열린책들, 2020.
- 정혜신 저, 『당신이 옳다』, 해냄, 2018.
- 제임스 클리어 저, 『아주 작은 습관의 힘』, 이한이 역, 비즈니스북스, 2019.

6. 이제는 추월할 때
- 대니엘 Z. 리버먼·마이클 E. 롱 저, 『도파민형 인간』, 최가영 역, 쌤앤파커스, 2019.
- 데이비드 롭슨 저, 『지능의 함정』, 이창신 역, 김영사, 2020.

7. 추월자의 탄생

- 데이비드 엡스타인 저, 『늦깎이 천재들의 비밀』, 이한음 역, 열린책들, 2020.
- 앱스토리, <중동의 카카오톡? 1,000억 매출 올린 토종앱 '아자르'>, 2020.10.23.

역주행의 비밀

실패를 넘어서는 1%의 영감

초판 1쇄 인쇄 2023년 3월 2일
초판 1쇄 발행 2023년 3월 9일

펴낸곳 | 스노우폭스북스
발행인 | 서진

지은이 | 김단

책임편집 | 박영지
편집진행 | 성주영

마케팅 | 김정현 이민우 김은비
영업 | 이동진

디자인 | 스튜디오피피

주소 경기도 파주시 광인사길 209, 202호
대표번호 031-927-9965
팩스 070-7589-0721
전자우편 edit@sfbooks.co.kr
출판신고 2015년 8월 7일 제406-2015-000159

ISBN | 979-11-91769-32-6 (03190)
책값 | 17,000원